A MENSAGEM

Ta-Nehisi Coates

A mensagem

TRADUÇÃO
Carolina Candido

Copyright © 2024 by BCP Literary, Inc.
Todos os direitos reservados, incluindo o direito de reprodução total ou parcial em qualquer formato.
Publicado mediante acordo com a One World, um selo da Random House, uma divisão da Penguim Random House, LLC.

Grafia atualizada segundo o Acordo Ortográfico da Língua Portuguesa de 1990, que entrou em vigor no Brasil em 2009.

Título original
The Message

Capa e imagem
Oga Mendonça

Preparação
Fábio Fujita

Revisão
Ana Alvares
Julian F. Guimarães

Dados Internacionais de Catalogação na Publicação (CIP)
(Câmara Brasileira do Livro, SP, Brasil)

Coates, Ta-Nehisi
  A mensagem / Ta-Nehisi Coates ; tradução Carolina Candido.
— 1ª ed. — Rio de Janeiro : Objetiva, 2025.

  Título original : The Message.
  ISBN 978-85-390-0876-6

  1. Ensaios norte-americanos 2. Jornalismo 3. Racismo – Aspectos sociais 4. Vulnerabilidade humana I. Título.

25-259847   CDD-814

Índice para catálogo sistemático:
1. Ensaios : Literatura norte-americana   814

Aline Graziele Benitez — Bibliotecária — CRB-1/3129

Todos os direitos desta edição reservados à
EDITORA SCHWARCZ S.A.
Praça Floriano, 19, sala 3001 — Cinelândia
20031-050 — Rio de Janeiro — RJ
Telefone: (21) 3993-7510
www.companhiadasletras.com.br
www.blogdacompanhia.com.br
facebook.com/editoraobjetiva
instagram.com/editora_objetiva
x.com/edobjetiva

Aos meus filhos, Samori e Chris

Numa época pacífica, eu poderia ter escrito livros ornamentais ou meramente descritivos, e permanecido quase inconsciente das minhas lealdades políticas. Mas acabei sendo obrigado a virar uma espécie de panfletário.

George Orwell, *Por que escrevo*

Sumário

1. Jornalismo não é um luxo 11
2. Sobre faraós 26
3. Carregando a cruz em chamas 55
4. O grandioso sonho 90

1. Jornalismo não é um luxo

*Embora ainda não acreditemos completamente nisso,
a vida interior é uma vida real, e os sonhos intangíveis
das pessoas têm um efeito tangível no mundo.*
James Baldwin

Companheiros,
No verão de 2022, retornei à Universidade Howard para lecionar escrita. Dada minha carreira bastante mediana como estudante universitário, não pude deixar de me sentir um tanto acanhado com essa honra. Mas foi uma honra, porque foi lá que conheci vocês. Nossa primeira aula foi na floresta — em uma área rural da Virgínia, onde, com minha amiga e poeta Eve Ewing, passamos duas semanas lendo, escrevendo e fazendo oficinas. De alguma forma, tenho lecionado escrita por quase tanto tempo quanto sou escritor, e o único trabalho que amo mais do que esse é escrever. Mas, com vocês, notei que o primeiro competia com o segundo. Não é minha intenção menosprezar nenhum outro grupo de alunos que ensinei em outros tempos e lugares — to-

dos eram talentosos e diligentes. Mas a verdade é que algo mais profundo nos aproximou.

Acredito que tenha começado com nossa instituição e o fato de que ela foi fundada para combater a indelével marca da escravidão — que entendíamos que ainda não havia desaparecido. Isso significava que não podíamos jamais praticar a escrita apenas pelo ofício, mas precisávamos necessariamente acreditar que nossa prática estava a serviço desse objetivo maior de libertação. Com frequência se fazia alusão a isso, mesmo que não de forma direta. Todo o nosso trabalho envolvia pequenas particularidades da condição humana com as quais a literatura costuma lidar. Mas, quando se vive como nós, entre pessoas cuja humanidade é sempre questionada, até mesmo aquilo que é pequeno e particular — e sobretudo aquilo que é pequeno e particular — se torna político. Para vocês, é impossível separar a escrita da política. E quando percebi isso em vocês, vi a mim mesmo.

O amor pela língua, é claro, é a base desse ser. Quando mal tinha seis meses de idade, eu costumava engatinhar até os alto-falantes do meu pai quando ele punha The Last Poets para tocar. E quando a gravação chegava ao fim, eu chorava até que ele a tocasse de novo. Aos cinco, deitava-me na minha cama com os livros de poesias e rimas da série *Childcraft** espalhados, abertos no poema "The Duel" [O duelo], e durante o dia todo não podia deixar de murmurar para mim mesmo *"The gingham dog and the calico cat/ Side by side on the tablet sat"* [O cachorro xadrez e o gato malhado/ sentados à mesa, lado a lado]. Fazia isso por nenhum outro motivo além da sensação das palavras na minha boca e de como soavam aos meus ouvidos. Mais tarde, descobri que

---

* Série infantil criada em 1934 que servia como uma espécie de enciclopédia para crianças, com textos e ilustrações. (N. T.)

existiam MCs — seres humanos aparentemente nascidos e criados com o único propósito de casar a melodia da linguagem com uma caixa de MPC ou um bumbo 808 —, e a alquimia resultante me parecia tão natural quanto o pulsar do coração:

I haunt if you want, the style I possess
I bless the child, the Earth, the gods and bomb the rest*

Assombrar. Vocês me ouviram dizer essa palavra muitas vezes. Nunca é o suficiente para que o leitor de suas palavras se deixe convencer. O objetivo é *assombrar* — fazer com que pensem nas suas palavras antes de dormirem, vê-las se manifestarem em seus sonhos, contar os sonhos ao parceiro na manhã seguinte, fazer com que abordem pessoas ao acaso na rua para sacudi-las e dizer: "Você já leu isso?". Era o que eu sentia ao ouvir Rakim rimar, e o mesmo se aplica aos Last Poets. Era isso que me fazia murmurar frases da *Childcraft.* Essa angústia era encantamento e desejo. Era um prazer, mas também uma profunda necessidade de entender os mecanismos desse prazer, a matemática e a cor por trás das palavras e todas as emoções que evocavam. Imagino que algumas crianças, ao verem um quadro, não conseguem afastar aquelas imagens da mente. Imagino que durante a noite, quando está escuro, fiquem se revirando, assombradas, pensando e repensando, e um pequeno e secreto arrebatamento cresça nelas a cada vez que o fazem, e, por trás disso, uma necessidade de transmitir um êxtase particular. Foi o que aconteceu comigo desde que passei a gravar palavras em minha memória. E, como era natural, esse instinto se conectava com o mundo ao meu re-

---

* "Eu assombro se você quiser, o estilo que eu tenho/ Abençoo a criança, a terra, os deuses, e destruo o resto." (N. T.)

dor, porque eu vivia em uma casa transbordando de linguagem organizada em livros, a maioria deles voltada para "a comunidade", como minha mãe costumava dizer. Desse modo, ficou claro para mim que as palavras podiam assombrar não apenas pela forma, não apenas por seu ritmo e harmonia, mas pelo conteúdo.

Quando eu tinha sete anos, minha mãe comprou um exemplar da *Sports Illustrated* para mim. Ela me ensinou a ler antes que eu fosse para a escola, e encorajava essa prática de todas as formas que podia. E não poderia haver encorajamento maior do que essa edição da *Sports Illustrated*, que exibia meu herói, Tony Dorsett, o *running back* dos Dallas Cowboys. O ano era 1983, uma era do futebol americano em que os corredores pareciam tão grandiosos quanto campeões saídos da mitologia grega. Como um homem com a força de Earl Campbell podia se deslocar tão rápido, passando por um defensor e logo depois esmagando o peito de outro? Como Eric Dickerson conseguia correr com tanta intensidade, contrariando todas as convenções, avançando pelos buracos na defesa, um alvo notório que nunca era pego? De vez em quando assisto a alguns vídeos antigos de Roger Craig, impulsionado só pela vontade, correndo 42 metros contra os Rams, ou de Marcus Allen virando o jogo no Super Bowl. Mas, naquela época, em um mundo desconectado, histórias, palavras, fatos — nada disso era recebido sob demanda. Testemunhar tamanho feito, como fiz com Allen, era deixá-lo viver em suas lembranças até que os deuses da transmissão permitissem que você o assistisse mais uma vez. Portanto, uma revista exibindo as proezas de um desses heróis não era, no meu ponto de vista, uma mera coleção de palavras e histórias. Era um tesouro.

Porque eu, de fato, acreditava que Tony Dorsett era mágico. Ele tinha 1,72 metro de altura e constituição física parecida com a dos meus tios. Mas, quando deslizava o capacete com a estrela solitária na cabeça, se transformava em algo inalcançável. Eu me lembro dele disparando em meio à defesa, mudando de direção a toda velocidade, dançando, percorrendo o campo todo, mais veloz do que uma equipe inteira. Apesar da minha admiração por Dorsett, não é disso que me recordo naquela edição. Na verdade, até poucos meses atrás, eu tinha me esquecido de que Dorsett estava na capa, porque, nas páginas da revista, encontrei uma história tão perturbadora, tão horripilante, que ofuscou qualquer detalhe adjacente.

A história era intitulada "Onde estou? Só pode ser um pesadelo". O foco era Darryl Stingley, que antes jogava como *wide receiver*. Eu também via os *wide receivers* como seres míticos, contorcionistas como Wes Chandler, esticando-se para trás para apanhar a bola que quicava para longe, ou acrobatas como Lynn Swann, dançando no ar. Eu absorvia tais façanhas nas manhãs de domingo por meio dos destaques selecionados pela própria NFL. Mas uma revista como a *Sports Illustrated* existia para além do jardim, nas ruas, onde o jornalismo e a literatura se cruzavam. E ali não existiam mágicas nem mitos, apenas o mais real dos monstros.

Então li a verdadeira história de Stingley, que, em 1978, levou um tranco durante uma rota cruzada curta e acordou no hospital. A história começava ali, no hospital, onde Stingley não conseguia mover um músculo sequer, nem mesmo para ligar para a mãe ou secar as lágrimas que escorriam por seu rosto. Em um instante, o contorcionista ficara tetraplégico. Depois de ler alguns poucos parágrafos, eu queria deixar a revista de lado para sempre, fugir daquela história, mas fiquei preso por forças que era incapaz de entender na época. Eu sabia que havia algo de diferente na forma com que a história era contada, algo relacionado ao estilo, que me atraía para ela com a gravidade de uma estrela, até que me vi ali, no campo, gritando, implorando para que

Stingley tomasse cuidado porque seria atingido, e logo depois no hospital, bem ao lado dele, incapaz de aliviar o terror que crescia nos seus olhos ao se dar conta de seu destino. E então a estrela se tornou um buraco negro, e eu cruzei um horizonte de eventos em que já não me imaginava ali com Stingley, pois eu mesmo havia me tornado Stingley, e era o meu corpo que estava preso àquela cama, os pinos cravados em meu crânio, era eu quem clamava a um deus que não me ouvia.

Eu assombro se você quiser, o estilo que eu tenho. E fui assombrado — pelo estilo, pela linguagem. E vagamente, por instinto, compreendi que o exorcismo só poderia ser realizado com mais palavras. Fui até meu pai e o bombardeei com perguntas, porque eu era assim quando criança, sempre (para o incômodo dos meus irmãos) perguntando *por quê*. Meu pai tinha um jeito próprio de lidar com isso e, naquele dia, executou sua manobra com perfeição. Conduziu-me ao quarto dos fundos, onde mantinha uma enorme coleção de livros, e tirou um deles da prateleira. O título do livro era *They Call Me Assassin* [Eles me chamam de assassino]. Era a biografia de Jack Tatum, o defensor que desferira a violenta pancada em Stingley.

Então me aprofundei ainda mais, tentando compreender a mente de um homem que havia paralisado outra pessoa para sempre. Gostaria de poder dizer que encontrei grandes revelações ali, mas o livro era permeado de histórias da carreira futebolística não tão interessante de Tatum. Lembro que ele relatou que o impacto em Stingley não foi nada extraordinário em termos de violência. Se algum leitor escolheu aquele livro, como eu o fizera, em busca de alguma reflexão profunda a respeito daquela catástrofe, não a encontraria. E, mais uma vez, fiquei sozinho para enfrentar a situação, sem Google, sem Wikipédia, sem rede social em que pudesse me condoer com outros. Apenas eu e essa história terrível de um acrobata sepultado em seu próprio corpo, se repetindo de novo e de novo no fundo da minha mente.

Mas algo havia se passado comigo durante esse processo. Eu me transformara enquanto leitor. Não me limitava mais a repetir palavras na minha cabeça ou na minha língua — agora eu repetia histórias inteiras. A história de Tatum dizia muito ao não dizer quase nada, pois ressaltava a vergonha que alguém pode sentir ou o paradoxo de um esporte que valoriza a violência e depois se horroriza com suas consequências. Eu ainda não enxergava tudo isso. Mas, durante anos, ao revisitar essas histórias na minha mente, eu sentia as revelações emergindo delas. O que eu sentia na época era que a história de Darryl Stingley violava uma lei invisível e profunda de justiça, a mesma que prevalecia em todos os meus quadrinhos. Eu sabia que o futebol era violento — era a violência que fazia brilhar as escapadas de Tony Dorsett. Mas a violência era o vilão em uma história com final feliz. Ela nunca poderia vencer, não é?

No meu entorno, porém, a violência estava de fato vencendo. Aquele foi o ano em que, pela primeira vez, me lembro de uma criança ser baleada por causa de uma peça de roupa da moda; histórias assim logo se tornariam o pano de fundo da minha adolescência. E agora o perigo girava ao meu redor — histórias de lâminas escondidas em maçãs caramelizadas, crianças de quatro anos empaladas por dardos de jardim. A história de Stingley juntou tudo isso e iluminou uma nova ideia: às vezes, o mal vencia — talvez na maioria das vezes. Coisas ruins aconteciam, mesmo que pelo simples fato de que podiam acontecer. Por mais perturbador que fosse esse conhecimento, ele me fortaleceu, porque me tornou mais sábio. E o peso dessa sabedoria se ligava intimamente ao método como era entregue. Jornalismo. Narrativa pessoal. Testemunho. Histórias.

Fui ficando mais velho. Coisas ruins começaram a acontecer comigo e com as pessoas à minha volta: espancamentos, assaltos a bancos, arrombamentos, roubos de joias. Acho que só consegui sobreviver por meio das histórias. Porque, ainda que as histórias pudessem explicar meu mundo, elas também me permitiam escapar para outros. E então, independentemente do que houvesse lá fora, eu podia voltar para casa, para as minhas muitas enciclopédias, e deixar que as palavras me transportassem para florestas e selvas, taiga e tundra. Ou podia pegar uma cópia do livro que falava de insetos letais e pragas mortais e, através daquelas palavras, apreciar a biologia mortal das viúvas-negras e das formigas-lava-pés. Ou abrir uma edição sobre a gloriosa África e cruzar o Saara com Mansa Muça, ou ver os domínios do Império Songai através de Ásquia, o Grande. Ou voltar para o meu mundo, através de um vinil ou uma fita, com "Louder Than a Bomb", "The Symphony" ou "My Philosophy". Na minha cabeça, esses mundos não eram dissociáveis. Eu não tinha, na época, e continuo não tendo, uma percepção genuína da arte "erudita" ou da "popular". Tudo o que me importava era o que me assombrava e por quê — e, devagar, comecei a me dar conta da linha de raciocínio por trás de cada uma dessas coisas. No ensino médio, quando li *Macbeth*, fui levado para tão longe da sala de aula quanto um verso de Kool G Rap poderia me transportar:

SEGUNDO ASSASSINO
Sou um, meu senhor,
A quem os vis baques e bofetes do mundo
Tanto incitaram que não temo o que possa fazer
Para me vingar do mundo.

PRIMEIRO ASSASSINO
E eu outro,
Tão fatigado pelos desastres, desafortunado,
Que confiaria minha vida ao destino,
Para consertá-la ou livrar-me dela.

O que eu vi ali foi minha cidade, conectada com outras cidades cuja moral e cujos códigos estavam, naquele momento, sendo retratados em coletâneas musicais e em videoclipes — Deuses e Terras, Gangsters e Rainhas. Mas ali estava outra estrela morta, com outra gravidade, me levando através de séculos, até perceber que mesmo as regras e a moral que acreditava serem só nossas ainda prevaleciam. E, através das palavras, compreendi que minha Baltimore não estava condenada, que o que eu via nos olhos dos garotos ali, o que ouvia na música, era na verdade algo antigo, inefável, que marcava toda a humanidade, que ia de Stratford às ruas.

E em momentos como esse, eu invariavelmente acabava por voltar às obsessões da minha infância: a organização das palavras, os silêncios e o som nas histórias. E a isso acrescentei o uso de alguns verbos particulares, a jocosa disposição das pontuações e o secreto encanto que tudo isso me causava. E percebi, ao analisar a frase "Sou um, meu senhor,/ A quem os vis baques e bofetes do mundo", que havia certa mágica na repetição shakespeariana de um som representado pelo *b*, e que essa era a mesma mágica usada por Rakim, só que, desta vez, o som era representado pelo *r*:

I'm the arsenal, I got artillery, lyrics are ammo
*Rounds of rythm, them I'ma give 'em piano**

---

* "Sou o arsenal, tenho artilharia, letras são munições/ Rondas de ritmos, então trago o piano." (N. T.)

Eu tinha por volta da idade de vocês quando comecei a compreender o que havia chamado minha atenção naquela edição da *Sports Illustrated* — o som e o ritmo se tornam ainda mais poderosos quando organizados em uma narrativa. O que quero dizer é que palavras são poderosas, mais ainda quando organizadas para contar histórias. E as histórias, devido ao poder que têm, exigem uma leitura rigorosa, interpretação e investigação. Lá estava eu, a *Sports Illustrated* aberta no meu colo, sentindo que embarcava em uma jornada de descobertas. Terminei de ler o artigo, mas precisava saber mais. Assim, comecei a investigar, e com isso meu pai se tornou minha primeira fonte. Essa fonte, por sua vez, me enviou à biblioteca para pesquisar. E ali, veja que frustrante, a jornada acabou. Os livros só podiam me levar até certo ponto. Se ao menos eu pudesse ter falado com Tatum ou o próprio Stingley. Se ao menos tivesse sido eu a formular as perguntas, a organizar e interpretar as respostas, e então, por meio das palavras, expressar o significado extraído da missão.

E, de fato, eu podia. Na Howard, deparei com uma imensa biblioteca, muito maior do que aquele único cômodo do meu pai. Havia bancos de dados repletos de artigos de revistas e jornais. E, àquela época, eu já era adulto e podia, como descobri, ligar para as pessoas e fazer perguntas, de modo que o leque de fontes potenciais se expandiu. Munido dessas fontes brutas e do meu próprio senso de como as palavras poderiam ser organizadas — *o estilo que eu tenho* —, talvez eu pudesse passar de assombrado a assombração, de leitor a escritor, e ainda ter as estrelas e sua inegável gravidade à minha disposição.

Era óbvio que tal poder deveria servir para algo além do meu próprio entretenimento — que deveria exercer o trabalho de iluminar, de confrontar e desfazer a violência que eu via ao meu redor, que a estética precisa ser associada à política, que o estilo que eu tenho precisa atender à luta demandada:

> O bem a ser buscado e o mal a ser evitado foram lançados na balança e pesados um contra o outro. De um lado, estava a escravidão, uma realidade severa, nos encarando de forma aterrorizante, com o sangue de milhões manchando suas vestes poluídas, terrível de se contemplar, devorando avidamente nossos ganhos suados e se alimentando da nossa carne. Aqui estava o mal do qual precisávamos fugir.
>
> De outro, distante, lá no horizonte nebuloso onde todas as formas pareciam apenas sombras sob a luz trêmula da estrela do norte, atrás de alguma colina rochosa ou montanha coberta de neve, havia uma liberdade incerta, meio congelada, nos chamando para seu domínio gelado.

Este é Frederick Douglass dando vida à abstrata dicotomia entre escravidão e liberdade — sobretudo a última. A escravidão é obviamente o mal. Mas, para buscar o "bem", o escravizado deve abandonar a terra tão verdadeira em que nasceu em troca de um sonho, talvez um pesadelo, um "domínio gelado" que se ergue "no horizonte nebuloso" sob a "luz trêmula... meio congelada". A liberdade de Douglass não são bandeiras ou hinos, mas um terror que ele, ainda assim, abraçou. O contraste — o brilho do bem da liberdade em princípio, em oposição à realidade desconhecida e sombria — evoca o clichê "o diabo que você conhece". Mas o claro-escuro da linguagem de Douglass ilumina a verdade escondida no clichê, de modo que somos atraídos para uma experiência distante, e Douglass não é um mero personagem estereotipado chamado "escravo", mas um ser humano como nós. Escrever assim, imaginar o escravizado, o colonizado, o conquistado, como seres humanos, sempre foi um ato político. Para escritores negros, isso tem sido usado com tanta frequência que se tornou uma tradição — uma à qual voltei naquele verão na Virgínia com vocês.

Acredito que essa tradição de escrever, de revelar uma humanidade comum, é indispensável para o nosso futuro, porque aquilo que deve ser cultivado e cuidado primeiro deve ser visto. E o que vejo é o seguinte: uma figura de pé à beira de uma vasta floresta, encarregada de mapear essa floresta com tanta precisão que qualquer pessoa que veja o mapa se sinta transportada para o território. A figura pode ver os picos nevados ao longe e talvez imaginar algumas teorias sobre o que se encontra entre ela e esses picos — pinheiros, colinas, um desfiladeiro com um riacho correndo por ele. Essa figura é você, o escritor, com uma ideia em mãos, anotações rabiscadas em folhas soltas, talvez uma primeira tentativa de esboço. Mas, para escrever, para desenhar esse mapa, para nos puxar para a mata, você não pode simplesmente ficar parado à margem. Tem de caminhar pela terra. Ver a elevação com seus próprios olhos, a cor do solo. Descobrir que o desfiladeiro é, na verdade, um vale e que o riacho é, na verdade, um rio serpenteando para o sul a partir de uma geleira nas montanhas. Você não tem como saber nada disso de antemão. Não pode usar a lógica para percorrer esse caminho ou recorrer ao seu gênio inato. A crença nesse gênio é, em grande parte, o que nos atormenta, e descobri que pessoas amplamente elogiadas pelo poder de seu intelecto são tão propensas a iluminar quanto a confundir. O "gênio" pode ou não ajudar um escritor cujo trabalho é, acima de tudo, esclarecer.

Um mundo tornado claro — foi isso que senti aos sete anos quando a verdadeira face do futebol me foi revelada. Livre da curadoria tendenciosa de partes poderosas, eu agora via diretamente o terrível preço do esporte. Estou escrevendo no encalço do #MeToo, que foi, entre tantas outras coisas, um movimento nascido de palavras. Pois uma coisa é esboçar um mundo em que "o assédio sexual é um problema no ambiente de trabalho", e outra, bem diferente, é detalhar os abusos que ocorrem por trás das portas de escritórios em Manhattan, ou âncoras da televisão emboscando assistentes em férias, ou atores que se autodenominam "homens feministas" mas deixam um rastro de abuso por onde passam. O que lembro ao ler as matérias investigativas sobre esses casos é como todo jargão ativista e acadêmico — toda a conversa sobre "patriarcado", "cultura do estupro" e "privilégio masculino" — se tornou sólido e materializado de uma forma que não só me deixou convencido, como também me acusou. Não era novidade para mim que eu era privilegiado, como homem, mas agora eu sentia esse privilégio com um novo horror. Pensei na minha própria carreira e entendi que, independentemente dos desafios que se apresentassem, um botão de estupro não estava entre eles. E este é o mundo tornado claro:

> A qualidade da luz com a qual examinamos nossas vidas tem impacto direto sobre o produto que vivemos e sobre as mudanças que esperamos trazer para essas vidas. É dentro dessa luz que formamos as ideias pelas quais buscamos nossa magia e a realizamos.

Audre Lorde escrevia sobre poesia, mas creio que suas palavras se apliquem a todas as áreas da escrita. Você não pode agir sobre aquilo que não consegue enxergar. E somos atormentados por uma linguagem morta e histórias mortas que servem a pessoas cujo objetivo não é nada menos do que um mundo morto. Não basta apenas se opor a esses dissimuladores. Tem de haver algo em você, algo que anseie por clareza. E você vai precisar desse anseio, porque, se seguir por esse caminho, logo se verá confrontando não só os mitos deles, não só as histórias deles, como também os seus próprios. Isso é difícil, se não for pelo simples fato de que boa parte da nossa criação de mitos foi feita em nome da libertação, fazendo o que podíamos para cavar nossa saída do poço em que fomos lançados. E acima de nós estão as pessoas que ali nos lançaram, zombando, jogando terra em nossos olhos e gritando: "Vocês estão fazendo errado". Mas não somos eles, e os padrões dos escravizadores, colonizadores e vilões não nos servem de nada. Precisamos de outro padrão, um que veja o aprimoramento da nossa escrita como o aprimoramento da nossa qualidade de luz. E com essa luz somos encarregados de examinar as histórias que nos contaram, como elas sustentam a política que aceitamos, e então contarmos nós mesmos novas histórias.

Os sistemas que combatemos são sistemas de opressão e, portanto, inerentemente sistemas de covardia. Funcionam melhor no escuro, com sua essência escondida e tão pouco examinada quanto o grande passatempo americano foi para mim um dia. Mas então um escritor me contou uma história, e eu vi algo essencial e terrível sobre o mundo. Todas as nossas conversas sobre técnica, ritmo e metáfora, em última análise, se resumem a isso — às histórias que contamos, à necessidade de assombrar, o que significa fazer as pessoas sentirem tudo o que está em jogo agora.

Na última vez que conversamos, era o semestre de outono, há quase dois anos. Durante um momento de descontração, prometi que enviaria meu ensaio para a próxima oficina. Vocês se animaram, em grande parte, para usar minhas próprias lições contra mim — para apontar onde eu havia sido vago, prolixo ou apenas preguiçoso. Mas, quando o semestre terminou, eu não havia escrito ensaio algum. Parece que eu ainda era aquele estudante mediano de trinta anos atrás. Mas o ensaio era real — tão real que, desde então, não vi mais vocês. Andei viajando por Senegal, Carolina do Sul, Palestina. Mas estou em casa agora, e com isso trago minha tarefa atrasada — notas sobre linguagem e política, sobre a floresta, sobre a escrita. Enderecei essas notas diretamente a vocês, embora confesse que estou pensando em jovens escritores de toda parte, cuja tarefa não é nada menos do que fazer a parte deles para salvar o mundo.

2. Sobre faraós

QUANDO desci do palco eu sabia que estava em casa
tinha estado aqui antes de estar longe
vagando pelo clima frio da minha mente onde
inverno e verão têm o mesmo grau de carência.

e ergui as mãos. o rosto. cortado pelos ventos
boreais e o sangue escorreu e beijou o lugar
do meu nascimento e o sol e o mar se reuniram
em torno da minha oferenda e éramos um como a noite é dia
quando você entende verdadeiramente a necessidade que um tem do
outro.

um cheiro verde rígido como a manhã
se estendia como uma jovem donzela sobre a terra
e eu provando uma nova geografia tirei os sapatos
deixei meus pés crescerem na nova dança do crescimento
e a dança era nova e minhas coxas
queimavam como acordes

> *deixando um rastro para outros seguirem quando*
> *voltassem para casa como todos decerto fazem para*
> *criar o futuro do pretérito.*
>
> Sonia Sanchez, "Renascimento"

Outro dia, enquanto arrumava as malas para viajar a Dakar, minha mãe me mandou a foto de um desenho antigo por mensagem de texto. Nada mais apropriado, já que aquele esboço me proporcionou um momento para refletir por que essa viagem adiada havia tanto tempo pesava com tal intensidade em mim, e como esse longo adiamento se relacionava com algumas das minhas primeiras noções de imaginação e arte. É verdade que cresci numa casa de palavras — artigos, livros, letras de música. E é verdade que a escrita se apoderou de mim desde pequeno e me manteve em sua órbita, mas havia muitas luas influenciando as marés da minha mente. Meu pai tinha uma coleção modesta e variada de arte revolucionária — desenhos de faraós feitos a lápis, esculturas afro-absurdistas, Harlem Hellfighters[*] retratados em litografia. Em quase todas as casas em que moramos, ele construiu um mostruário de caixas de cereais Wheaties, pacotes de batatas fritas e sacos de biscoitos, todos fechados, como um colecionador de brinquedos que guarda uma Barbie original ou um G.I. Joe vintage. Essas também eram obras de arte revolucionárias, porque todas as embalagens traziam pessoas negras, e nenhuma delas naquele estilo subserviente e estereotipado que tanto atormentou a juventude dos meus pais.

---

[*] 369ª Regimento de Infantaria dos Estados Unidos, uma unidade de soldados afro-americanos que combateu durante a Primeira Guerra Mundial e tornou-se conhecida por sua coragem e resistência. (N. T.)

Quanto à minha mãe, creio que em outra vida ela teria sido artista. É uma dançarina graciosa. Ama música. Eu a vejo agora como era naquela época, com seu cabelo natural curto e óculos grossos, dirigindo seu Volkswagen Rabbit prateado pela Liberty Heights, batendo no volante e cantando com as Pointer Sisters: *"Well, Romeo and Juliet/ Samson and Delilah/ baby you can bet..."* [Bem, Romeu e Julieta/ Sansão e Dalila/ baby, pode apostar...]. Eu ouvia de tudo naquele carro ou nos toca-discos em casa — Prince, Nina Simone, Carmen McRae, The Platters, The Drifters, John Coltrane, Jerry Butler, Taj Mahal, Joan Armatrading. Minha mãe também tinha um talento natural para o artesanato. Tenho boas lembranças de nós dois à mesa da cozinha com fita adesiva, fichas, tesouras, cola branca e cabides de arame, tudo a serviço dos projetos para feiras de ciências, colagens para aulas de arte ou dioramas de história. Durante algum tempo, ela se dedicou a desenhar, e eu encontrava seus blocos de desenho espalhados pela casa. Agora, passados todos esses anos, ela encontrou um deles, também esquecido — e nele, um retrato do meu pai, sentado de lado numa cadeira, com as pernas cruzadas, um boné de pescador na cabeça e um livro na mão. No topo do desenho havia uma legenda escrita à mão: "Papai lê o tempo todo", e outra embaixo: "Papai diz que lê para aprender". As legendas eram minhas.

Meu pai acha que consegue determinar a data da criação do desenho. É muito antes de você ter nascido — 1978. Faz cinco anos que ele anda afastado do Partido dos Panteras Negras, e agora está claro que a revolução não será televisionada, porque a revolução não vai acontecer de forma alguma. Moramos numa casa geminada em Park Heights, que meus pais alugam por semana, e pagar o aluguel semanal é a coisa mais difícil que eles já fizeram. Meu pai já trabalhou em todos os tipos de empregos, treinando cães de guarda, manuseando bagagens no aeroporto, e agora, lá nos portos, descarregando barcos de sal. Mas, nesse dia, o dia do retrato, ele foi informado de que houve algum tipo de mal-entendido com o sindicato, e ele não será pago. Ele volta para casa com todo o peso disso sobre si. Tem 32 anos e talvez agora possa sentir o temor que atinge a pessoa nessa idade — uma realização de que os anos realmente podem escorregar, como todos aqueles sonhos de revolução, sem deixar rastros. E sua resposta a todo esse peso é incrível: ele pega um livro. *Papai diz que lê para aprender.* Mas o que papai tentava aprender?

Acho que, se tentasse descrever as forças que moldavam sua vida, meu pai veria suas próprias ações primeiro: seus acertos, seus erros. Mas se ampliasse o foco para o mundo ao seu redor, veria que algumas pessoas recebiam mais crédito pelo que faziam, e pagavam menos por seus erros. E essas pessoas que ganhavam mais e pagavam menos viviam em um mundo de riqueza iníqua, enquanto seu próprio povo vivia num mundo de necessidade aterrorizante. O que meu pai também teria visto é que ele não estava apenas diante do abismo entre a riqueza e a necessidade, mas das histórias que buscavam inscrever esse abismo como algo natural. Ele teria apontado para o arsenal de histórias, ensaios, romances, etnografias, roteiros, tratamentos e monografias, que não eram a supremacia branca em si, mas seu currículo, seu corpo, seu cânone.

O peso da minha primeira viagem à África — os muitos anos que levei para ir de fato — está diretamente ligado a esse cânone e ao trabalho de seus luminares, homens como Josiah Nott, um antropólogo, epidemiologista e estudioso da civilização do século XIX. Nott também era um proprietário de escravos, o que significava que ele lucrava com o comércio e o trabalho das pessoas que escravizava, e depois lucrava mais uma vez com sua área de estudo escolhida. "Minha negrologia,* longe de me prejudicar em casa, me tornou um homem maior do que eu esperava ser", escreveu Nott ao seu mentor, o antropólogo Samuel Morton, em 1847. "Sou o grande nome da profissão aqui." Essa profissão tinha um único objetivo — reunir todo o conhecimento que Nott pudesse invocar para provar que éramos inferiores e, portanto, aptos para a escravidão.

Pode parecer estranho que pessoas que já tenham alcançado uma posição de poder por meio da violência invistam tanto tempo justificando seu saque com palavras. Mas até mesmo os saqueadores são seres humanos cujas ambições violentas devem lidar com a culpa que os atormenta quando olham nos olhos de suas vítimas. E assim, uma história deve ser contada, uma que levante um muro entre eles e aqueles que pretendem estrangular e roubar.

Quando eu era criança, em Baltimore, para algum garoto que quisesse roubar sua bola de futebol, sua bicicleta de marca ou sua jaqueta Starter com estampa dos Sixers, nunca era suficiente simplesmente ir lá e fazê-lo. Era necessária alguma justificativa: "Ei, tampinha, deixa eu ver essa bola aí", "Alguém roubou a bicicleta do meu priminho, que era igual a essa", "Ei, mano, essa jaqueta Starter aí parece a minha". Debater o uso expansivo do verbo "ver", investigar a veracidade de um suposto primo mais novo ou pedir um recibo não era o objetivo. O objetivo, mesmo numa idade tão jovem, era a supressão da rede de neurônios que abriga as partes suaves e humanas de nós.

Para homens como Nott, que não buscavam saquear brinquedos ou roupas, mas nações inteiras, a necessidade era manifestamente maior. Não era apenas a consciência do escravizador

---

* Do inglês *niggerology*, termo utilizado por Josiah Nott e outros estudiosos do século XIX para justificar a ideia de hierarquias raciais. (N. T.)

que precisava ser apaziguada, mas múltiplas consciências além da dele: capatazes, caçadores de escravos, capitães de navios negreiros, senhores e congressistas, reis e rainhas, padres, presidentes e pessoas comuns que não amavam os escravos, mas tinham olhos e ouvidos humanos. Para um sistema tão grandioso, uma teoria grandiosa precisava ser elaborada e uma série de justificativas precisava ser produzida, todas elas baseadas em declarar um fato simples: o africano mal era humano.

Josiah Nott olhou para o mundo e viu grandes massas de terra, e a cada uma ele atribuiu uma raça, e a cada raça associou um ancestral exclusivo, cujos descendentes eram aptos a governar ou serem governados. "O grande problema", escreveu ele, "é aquele que envolve a origem comum das raças; pois sobre [isso] recaem não só certos dogmas religiosos, mas a questão mais prática da igualdade e do aperfeiçoamento das raças."

O problema da "origem comum" era o problema da "humanidade comum", e a humanidade comum invalidava a justificativa para a escravidão dos africanos. Se todos descendíamos do mesmo progenitor, por que então um ramo foi feito apenas para a escravidão? Essa falta de uma justificativa específica para saquear humanos específicos é tão antiga quanto a própria "raça". De fato, é a razão pela qual a raça foi inventada. Os africanos tinham de ser excluídos da humanidade ou lançados nas suas camadas mais baixas para justificar sua exploração. Mas as evidências para essa exclusão têm sido geralmente insuficientes, enquanto a prova do contrário está por toda parte ao nosso redor.

Em 1799, os franceses invadiram o Egito e contemplaram o esplendor de uma civilização mais antiga que a Grécia ou Roma. A egiptologia nasceu e virou sensação, varrendo a Europa como uma onda e atingindo os Estados Unidos nos anos anteriores à Guerra Civil, justamente quando a escravidão atingia seu ápice.

Nott ficou fascinado com o Egito antigo. Seu colaborador, George Gliddon, se referiu particularmente a ele como "a origem de toda arte e ciência conhecidas na antiguidade". Mas o Egito ficava na África, aquele continente que os negrologistas consideravam uma fonte de escravos, o que, no mesmo instante, trazia questões desconfortáveis. "Virou moda citar a Esfinge como uma prova das tendências negras dos antigos egípcios", escreveu Morton ao seu pupilo Nott. "Tomam a peruca dela por cabelo crespo, e como o nariz está quebrado, é claro que ele é *achatado*. Mas mesmo que o rosto (o que eu admito plenamente) tenha fortes feições africanas, é um exemplo quase único, contra 10 mil que *não são africanos*."

Nott e Gliddon dedicaram a vida a esclarecer qualquer confusão sobre a composição racial dos egípcios. Escreveram o tratado *Types of Mankind* [Tipos de humanidade], que buscava, entre outras coisas, limpar qualquer traço de negritude do Egito antigo. "Por muitos séculos antes do presente", escreveram os dois com incredulidade, "os egípcios eram considerados negros, e acreditava-se que a civilização egípcia tinha descido o Nilo a partir da Etiópia!" Quando os registros não corroboraram uma ausência total de negros no Egito, Nott e Gliddon os alocaram onde precisavam deles. "Deve-se admitir que os negros, em nenhum momento dentro do alcance mesmo da história monumental, habitaram qualquer parte do Egito", escreveram, "exceto como cativos." Isso era, literalmente, uma coincidência incrível — uma sociedade de milhares de anos atrás, organizada da mesmíssima maneira que as plantações de Nott. Mas, para Nott, a escravidão dos negros no Egito antigo não era só uma coincidência, mas uma justificativa:

Os monumentos do Egito provam que as raças negras, durante pelo menos 4 mil anos, não foram capazes de dar um único passo, na Terra dos Negros, para sair de seu estado selvagem; a experiência moderna dos Estados Unidos e das Índias Ocidentais confirma os ensinamentos dos monumentos e da história; e nossos comentários [...] a seguir parecem tornar fugaz qualquer probabilidade de um futuro mais brilhante para esses tipos organicamente inferiores.

Muito tempo depois de Nott e Gliddon já terem partido, a ideia de um Egito negro — que, sob a perspectiva deles, significava qualquer Egito com uma população significativa e não escravizada que se assemelhasse à população escravizada da América — assombrava seus herdeiros. Em 1896, o famoso educador Samuel Train Dutton insistiu na ideia de que os indígenas americanos e os negros só eram adequados para uma educação destinada aos "pagãos e selvagens", para que fossem preparados para uma vida de trabalho manual. Parte fundamental do projeto de Dutton era garantir que as escolas ensinassem "como os antigos egípcios se diferenciavam dos negros, e por quê". Em 1928, o egiptólogo Arthur Weigall dedicou um capítulo de seu livro *Personalities of Antiquity* [Personalidades da antiguidade] ao faraó Piankhi, intitulado "As explorações de um rei negro".

Em toda essa contorção e comédia, nós, observando das margens, vimos uma arma. "Não precisamos recorrer a argumentos longos e demorados para defender a etnografia negra contra os Notts e Gliddons da nossa época", escreveu o nacionalista negro James Theodore Holly em 1859.

Que eles provem, se conseguirem, para a plena satisfação de suas almas mesquinhas e corações gangrenados, que os egípcios de pele negra, cabelo crespo, lábios grossos e nariz achatado dos tempos antigos não pertenciam ao mesmo ramo da família humana que os negros que foram vítimas do tráfico de escravos africanos nos últimos quatro séculos.

Foi assim que recebi meu nome africano, "Ta-Nehisi", uma designação no egípcio antigo para o reino da Núbia, às vezes traduzido como "Terra dos Negros". Nasci no que o historiador St. Clair Drake chama de "tradição vindicacionista", ou seja, em um meio de pessoas negras que buscavam reivindicar a própria história, que havia sido usada como arma contra elas, e usá-la contra seus opressores. Se um "Egito negro" era o que os negrologistas temiam, então nós insistiríamos na sua verdade e levaríamos essa ideia à sua conclusão lógica: não nascemos para ser escravos, mas para ser realeza. Isso explica nossa veneração por faraós negros e reinos africanos. A intenção era contar uma história diferente daquela que nos impuseram — uma resposta compreensível, ainda que eu nunca tenha encontrado paz nela.

A verdade é que nunca senti que fazia jus ao meu nome. Sua extensão e complexidade chamam a atenção e contrastam com meu desejo de viver de forma discreta. A pronúncia é diferente da grafia, o que me força a uma dança constante na qual primeiro corrijo as pessoas e depois as tranquilizo, dizendo que não é culpa delas. A estranheza fazia parte do propósito: meus pais queriam me marcar como cidadão de um país muito diferente daquele em que vivia; meu nome era um artefato de um mundo esquecido e uma aspiração por um mundo que ainda estava por vir. Mas que mundos são esses? Meu nome não serve apenas para evocar uma entidade histórica, mas para conjurar a ideia de uma civilização negra — o que quer dizer seres humanos organizados em uma hierarquia de nobres, videntes, plebeus e escravos que, através da construção de monumentos, registros literários e guerras, podem ser considerados plenamente humanos. Mas creio que a dignidade humana está na mente e no corpo, e não em pedra. E acredito que, no momento em que enraizamos nosso valor em castas e reinos, em "civilização", aceitamos os preceitos daqueles cujo legado completo é queimar e inundar um planeta. E, assim, já perdemos.

Estou tentando impulsioná-lo em direção a algo novo — não só contra os mitos de conquista deles, mas contra a tentação de criar os seus próprios. Essa, porém, é uma proposta negativa — uma descrição do que não deve ser, mas não do que deveria ser —, o que cria uma ausência no lugar de um mito. Como preenchemos esse vazio? Pois, mesmo ao abandonar o mito de uma origem utópica africana, eu ainda sentia algo, um sentimento de que não poderia morrer sem voltar para casa. E eu sentia isso mesmo sabendo que essa designação, "casa", não era um fato, mas uma necessidade, um desejo, um sonho.

Antes de partir para Dakar, salvei o desenho do meu pai no celular. Nos dias que antecederam à viagem e até mesmo durante o voo, me peguei estudando-o. *O que papai estava tentando aprender?* Minha resposta para essa pergunta é constrangedora. Mas ela começou a se formar na minha mente no exato momento em que meu voo descia das nuvens e eu vi, pela primeira vez, os telhados surgindo em Dakar e a espuma branca da água do mar. Eu já havia viajado o suficiente na vida para estar familiarizado com o assombro que nos invade quando um país se torna real. Você olha para baixo e se surpreende ao ver as montanhas perto da cidade se erguendo para recebê-lo ou o oceano ao redor da ilha se transformando em verde. Mas nunca, em toda a minha vida, senti a mistura de alegria, temor e esperança que me invadiu enquanto o avião pousava. Talvez vocês já tenham passado por isso e sentido esse mesmo peso. Sei que alguns de vocês nasceram no Continente, e, por isso, essas palavras terão outro impacto. Tudo o que posso dizer é que, quando vi a cidade lá embaixo, tudo o que consegui fazer foi murmurar para mim mesmo as únicas palavras que se aproximavam do que eu sentia, que foram:

"Puta merda."

O avião pousou, e depois dos rituais de desembarque e imigração, me vi no banco de trás de um carro sendo levado para a cidade. O que me lembro com riqueza de detalhes daquele primeiro trajeto é um medo sutil que foi ganhando forma conforme a rodovia se abria para la Corniche, a longa praia ao longo do Atlântico. Por toda aquela praia, vi o que pareciam ser os restos abandonados de uma academia ao ar livre — bancos de supino, uma bicicleta elíptica manual, barras para flexões. O tempo e os elementos pareciam ter levado a melhor sobre os equipamentos, e no borrão da nossa passagem, vi a tinta amarela descascando nas máquinas, revelando o metal enferrujado por baixo. Presumi que essas peças fossem os restos de algum projeto público que deu errado, e a visão desse aparente fracasso se tornou, no mesmo instante, um símbolo da nossa disfunção coletiva, do estado irremediavelmente selvagem da "raça negra". E ao ouvir essa voz na minha cabeça, cheguei a uma terrível conclusão: depois de todo o esforço dos meus pais, de todos os livros como *Ashanti to Zulu* [Ashanti para Zulu] e *Bringing the Rain to Kapiti Plain* [Trazendo a chuva para Kapiti Plain], depois de todas as aulas de tambores e dança, depois de todos os nomes africanos, depois de todo o arsenal de vindicação, eu ainda temia que os negrologistas estivessem certos a nosso respeito.

No hotel, tirei uma longa soneca e, quando finalmente saí do meu quarto naquela noite e caminhei até a praia logo em frente, me senti deslocado. Vi pais esparramados em cadeiras de praia e crianças felizes brincando na água. Entre meu quarto e o restaurante do hotel, havia uma piscina com a borda alinhada à superfície da água, de modo que, quando os nadadores emergiam, era como se surgissem do chão. Não muito longe da piscina, um DJ montava seu equipamento enquanto um barman preparava drinques. Ao ver aquele barman, senti um pequeno ponto de tristeza se abrir em mim. Dentro do restaurante, o clima era cosmopolita — homens em longos *boubous* esvoaçantes, mulheres com turbantes e outras com óculos de sol puxados como tiaras. Vinhos e champanhe fluíam. Agora o ponto de tristeza se ampliava, e me perguntei se aquilo era apenas a solidão de estar tão longe de entes queridos e de casa. Mas não fazia nem um dia que eu estava fora.

Pedi o jantar e, pela primeira vez, de muitas durante a minha viagem, olhei para o oceano Atlântico, agora a poucos metros de distância. Da minha mesa, podia ver as ondas quebrando suavemente contra a praia. Uma lembrança do outro lado me invadiu: eu tinha dez anos e estava com minha mãe em Berlin, Maryland — no extremo da costa leste do estado. Nessa viagem, estamos hospedados com minha tia Toppy e meu tio Melvin. Visitamos primos e outras tias e tios, todos parecendo morar ao longo da mesma pequena estrada rural. Depois, dirigimos até o oceano, e eu pego uma boia azul e amarela, e caminho até os quebra-mares, me afastando da América. E agora, décadas depois, aqui estou, olhando de volta do outro lado.

Senti a tristeza aumentar, expandindo-se de um pequeno ponto até se tornar tão vasta quanto o próprio mar, ondulando a cada vaga que se erguia e caía nessa costa africana. Eu havia viajado de volta para uma espécie de Big Bang. Um universo nasceria do outro lado da água, mas primeiro inúmeros mundos teriam de morrer. E percebi que estava triste não por estar sozinho, mas por não estar. De fato, eu voltara para casa, e fantasmas tinham voltado comigo.

Quando acordei na manhã seguinte, o peso de tudo aquilo, a tristeza, o medo, ainda estava lá. Um feixe de luz espreitava pelas cortinas. Eu não queria me mover. Mas sei como a tristeza pode exercer sua própria gravidade, ficando mais poderosa quanto mais tempo prende você. Então me levantei, me vesti e paguei um motorista para me levar à cidade, decidido a ver a realidade dessa casa que eu não conhecia.

Dakar se movia devagar ao meu redor, como se as pessoas e o grande calor que cobria a cidade tivessem chegado a um entendimento mútuo. Eu percebia essa lentidão nos movimentos mesmo enquanto minha mente tentava acompanhar. Os detalhes mais banais se abriam para um mundo de perguntas. Um caminhão passava rapidamente com homens pendurados em sua lateral, e eu me perguntava se alguém já tinha caído e se isso os faria repensar essa prática. Observava mulheres idosas se apertando em ônibus públicos com para-choques amassados e me perguntava onde terminava a linha. E havia tanto comércio, barracas e mais barracas de homens vendendo camisetas, um tipo de pão frito ou outros alimentos e objetos. Parecia uma espécie de ficção científica vitoriana, uma fusão das tradições antigas com maquinaria moderna. Homens sentados em velhas escadas com enormes projetos de construção surgindo à distância. Cenas de decadência e graça se entrelaçavam. Mulheres vendiam fatias de melancia em frente a prédios desmoronados em ruas repletas de latas enferrujadas. Eu estava numa rua com buracos preenchidos de água, tentando adivinhar a profundidade, até que meus olhos foram atraídos por um homem vestindo o terno mais bonito que eu já tinha visto.

Eu ainda não me havia dado conta, mas os fantasmas já não falavam mais. O mar de tristeza se fechou em si mesmo, e agora eu me sentia como uma criança de novo, cheio de perguntas sobre os menores detalhes do mundo ao meu redor. Tentava a todo custo esconder o encanto nos meus olhos, porque sabia que isso me marcaria como turista, e turistas eram alvos. Falhei. Um homem gritou para mim: "Ei! Ei!". Ao me virar, vi-o sorrindo com dentes faltando. Ele disse: "Amo Chicago!". Sorri de volta. Ele se aproximou e apertou minha mão. "Ei", disse ele, com nossas mãos ainda unidas. "Eu morei em Chicago! Amo a América!" Fui tomado pelo velho instinto de sobrevivência das ruas e senti que havia algo a caminho, mas me surpreendi ao cair na conversa.

"Por que está em Dakar?"

"Eu queria ver a África."

"É sua primeira vez aqui?" Sorri e disse que sim. Ele acenou animadamente com as mãos. Tinha me fisgado e sabia disso, e, para ser sincero, eu também sabia. E lá fomos nós, andando pelas ruas, até chegarmos a um prédio de três andares. Segui o homem prédio adentro e me peguei em meio aos tecidos mais bonitos que já tinha visto. Fardos de lindos tecidos estampados, e camisas e vestidos feitos deles, pendiam das paredes dos corredores apertados e se empilhavam em cada sala por onde passávamos. Escolhi algumas roupas e tecidos. Perguntei quanto custavam. O homem responsável por eles olhou para mim e disse: "Aqui é a África". Então sacou sua calculadora e me entregou. Me fez digitar o valor que eu queria pagar, e depois pegou a calculadora de volta e digitou uma contraoferta. Ficamos nessa negociação por alguns instantes até chegar a um acordo. Fiz de cabeça a conversão aproximada do CFA, a moeda senegalesa, para dólares, mas ainda não conseguia dizer se o preço cobrado era justo. Parecia irrelevante. Saí me sentindo rico. Dei uma gorjeta ao meu guia e segui meu caminho.

Era hora do almoço. Agora sozinho, encontrei um restaurante composto de dois ambientes modestamente mobiliados. Não havia um teto de verdade, apenas uma espécie de lona esticada sobre as paredes dos espaços para fazer sombra. Entrei e fiquei apreensivo na frente do primeiro ambiente. Todas as mesas estavam ocupadas. Senti um choque de eletricidade percorrer meu corpo. Sempre me considerei alguém avesso a buscar emoções fortes. Tenho medo de altura. Odeio montanhas-russas. Jogos de azar não me atraem, assim como filmes de terror com seus sustos repentinos. Mas, quando estou viajando, vivo por esses momentos constrangedores em que preciso de algo, nesse caso, comer, mas não tenho certeza de como conseguir. Em geral, há uma saída fácil. Senti o desejo de recuar para algo mais familiar, algo projetado para um turista, talvez voltar para o hotel, sentado àquela beira de mar triste. Mas eu já tinha passado por isso antes e agora sabia o grande prazer das pequenas vitórias. Então esperei, até que uma garçonete acenou e apontou para uma mesa onde um homem terminava sua refeição. Ele fez um sinal com a cabeça, e eu me sentei. Alguns minutos depois, ele se foi. Consegui fazer o pedido em francês e me vi diante de um prato generoso de peixe e arroz jollof, e um copo de suco de hibisco. Olhei ao redor, para todas as pessoas conversando com seus companheiros ou comendo em silêncio, e me senti recompensado por ter superado um momento de incerteza. De uma forma pequena, talvez por uma antessala, eu havia, enfim, chegado.

De volta ao hotel, depois de uma soneca, me vesti para o jantar. Um colega escritor, Hamidou Anne, estava vindo me buscar. Enquanto dirigíamos por la Corniche, o sol começou a se pôr sobre o oceano, e a temperatura, a cair. No crepúsculo refrescante, vi grupos de pessoas correndo pela praia. Mais uma vez, passamos pela área na praia cheia de equipamentos de ginástica, mas, agora ao anoitecer, estava movimentada, com homens e mulheres fazendo abdominais, flexões e barra. Além dos aparelhos, vi campos de futebol e quadras de basquete, todos repletos de vida. Não havia desuso ou abandono, apenas eu e as ideias que ainda me assombravam.

Jantamos em um restaurante pequeno e tranquilo na costa. Uma escada de pedrinhas levava da área de jantar até o mar. Mais uma vez, minha mente se voltou para o outro lado desse oceano escuro, e me vi com a boia azul e amarela, e senti algo me puxando em direção à água. Então desci os degraus até ficar bem à beira-mar, com a água batendo na costa repleta de pedras. Abaixei-me e, quando senti a água correr entre meus dedos, uma alegria veio com o frio da onda, e ouvi os fantasmas cantando. Não sei se já experimentei um senso de triunfo maior na vida. Senti que, de alguma forma, havia derrotado a própria história. Pensei em todas as minhas bisavós e tataravós tiradas desse lado do mundo e levadas para o vasto oceano. Pensei em seus sonhos frustrados de voltar para casa. Pensei no lar que tentaram construir do outro lado, apesar de tudo. Eu carregava parte de todas elas comigo, cada uma delas. E eu havia voltado. Olhando para aquela praia rochosa, senti toda a terra falar comigo, e ela disse: *Por que demorou tanto?*

Por quê, não é mesmo?

Estamos falando da floresta de novo, dos limites do gênio, da necessidade de caminhar pela terra em vez de intuir e criar hipóteses a partir das margens. Existem dimensões nas suas palavras — ritmo, conteúdo, forma, sentimento. E o mesmo acontece com o mundo exterior. A acumulação de uma vida imperfeita e desconfortante deve ser vista e sentida para que o espaço em sua mente, cinza, automático e quadrado, se preencha com ângulo, cor e curva — os buracos nas ruas, os para-choques amassados, o pão frito, as paredes de tecido, o prato cheio de arroz e peixe. Só que a cor não está somente no mundo físico que você observa, mas na interação única entre esse mundo e sua consciência, na interpretação, na subjetividade, nas coisas que você nota em si mesmo. Minha surpresa ao ver, por exemplo, africanos correndo na praia ou uma academia em ruínas se revelando como um belo exemplo de espírito cívico diz algo importante sobre o mundo que eu tentava descrever, mas também sobre mim, meus medos e minhas dúvidas.

No dia seguinte, retornei à beira-mar para almoçar. Eu estava desenvolvendo um ritual em que, mesmo estando sozinho, tirava alguns momentos para uma meditação solene. O dia estava perfeito. Quente, como de costume, mas o africano em mim já emergia, manifestando-se como uma compreensão das virtudes da sombra e de se mover devagar. Saí da minha meditação e pedi um prato de yassa de peixe, arroz e bananas-da-terra. Então observei um grupo de garotos em pranchas longas remando mar adentro, esperando por uma onda forte, montando nela e surfando de volta à praia. Eu os vejo agora na minha mente, esguios e longos, com seus braços finos balançando no ar, aquela coragem juvenil ignorando as rochas próximas. Americanos negros que viajaram ao Senegal costumam comentar sobre a beleza das pessoas. Dizem que, fisicamente, o povo do Senegal é um dos mais marcantes que já viram. E é verdade; eles são lindos. Tive de me esforçar muito para não encarar. Até mesmo a minha atendente naquele dia, com seus dreadlocks enrolados ao redor da cabeça como uma coroa, era impressionante de todas as maneiras pelas quais nos fazem acreditar que nós mesmos não somos. Em todos os lugares a que fui em Dakar, fiquei maravilhado, talvez maravilhado demais. Esse comentário sobre a beleza senegalesa, o tom dele, revela uma profunda insegurança, um choque de que a parte mais profunda e negra de nós é mesmo bela.

E isso também é uma sombra da negrologia. Porque a África não é apenas a origem geográfica do nosso sofrimento; é a âncora da ideia, a justificativa que serviu como base para esse sofrimento. A raça dominante da América praticou, em suas próprias palavras, a "escravidão africana", e quando foram à guerra para salvar essa instituição, eles o fizeram com uma história em seus lábios e uma justificativa em mãos: a escravidão deve continuar e as raças devem ser separadas para salvar suas "esposas e filhas" da "poluição e violação" devido à "luxúria dos africanos semicivilizados". Antes dessa guerra, eles já haviam transformado a escravidão em uma obra de Deus, que buscava salvar "o africano, vindo de um estado bárbaro e de um clima tropical", e transformar esses cativos no "grupo mais feliz de pessoas na face da Terra". Teddy Roosevelt, relatando sua viagem à África, descreveu um continente de "selvagens semelhantes a macacos", cujas maiores realizações só tinham "avançado até os estágios superiores da barbárie" e, portanto, haviam desenvolvido "um tipo muito primitivo de semicivilização". Não era um preconceito restrito que Roosevelt carregava, mas algo mais amplo, uma história que faria seus leitores entenderem que "o progresso e o desenvolvimento nesse tipo particular de nova terra dependem exclusivamente da liderança magistral dos brancos". E a partir dessa noção fundamental de "homens semelhantes a macacos", "africanos semicivilizados" e "bárbaros tropicais", segue-se o universo cinematográfico da negrologia: os Gold Dust Twins, o cereal Korn Kinks, o termo Niggerheads, o tabaco Nigger Hair, Sambo, Uncle Ben's, Aunt Jemima e Marse Chan, ícones criados para degradar nosso mundo e elevar o deles.

Penso em Pauline, de Toni Morrison, prestes a dar à luz uma menina negra. Penso em sua fuga para os filmes, para as histórias:

> Lá, no escuro, sua memória se reavivou e ela sucumbiu aos sonhos antigos. Além da ideia de amor romântico, foi apresentada a outra — à da beleza física. Provavelmente as ideias mais destrutivas da história do pensamento humano. Ambas se originavam da inveja,

prosperavam com a insegurança e acabavam em desilusão. Ao igualar beleza física com virtude, ela despiu a mente, restringiu-a e foi acumulando desprezo por si mesma.

Penso em Pauline expressando a futilidade dessa fuga:

Lembro que uma vez fui ver o Clark Gable e a Jean Harlow. Penteei o cabelo como o dela, como eu tinha visto numa revista. Uma risca do lado, com um cachinho na testa. Ficou igualzinho ao dela. Bom, quase igualzinho. Sentei naquele cinema, com o cabelo penteado daquele jeito, e gostei muito. Resolvi ver o filme até o fim de novo e levantei pra ir comprar um doce. Voltei pro meu lugar, dei uma grande mordida no doce e ele me arrancou um dente. Tive vontade de gritar. Os meus dente era bom, eu não tinha nenhum dente estragado na boca. Não dava pra acreditar. Eu, grávida de cinco mês, tentando ficar parecida com a Jean Harlow, e sem um dente da frente. Depois disso foi tudo por água abaixo. Parece que eu não liguei pra mais nada. Parei de me preocupar com o cabelo, fazia uma trança e pronto, e resolvi ser feia.[*]

Morrison apresenta uma mulher negra aspirando à beleza branca, mas não apenas uma beleza branca vaga e abstrata. Jean Harlow é o ponto de referência para a afirmação de Morrison de que "a beleza física" é "provavelmente a ideia mais destrutiva da história do pensamento humano". É uma declaração grandiosa, potencializada pelo uso do contraste: o superlativo (a mais destrutiva) reforçado pela incerteza (provavelmente), como sal marinho sobre chocolate amargo.

[*] Toni Morrison, *O olho mais azul*. 2. ed. Trad. de Manoel Paulo Ferreira. São Paulo: Companhia das Letras, 2019.

O "provavelmente" de Morrison é uma ironia, uma atenuante que não atenua nada. Mas o que dá base a essas ideias é a especificidade de como elas se manifestam na vida de Pauline, os detalhes de sua história e linguagem, a risca e o cacho no cabelo, o doce que quebrou seu dente, a gravidez e a simples e devastadora declaração "depois disso tudo foi por água abaixo". Aqui está uma mulher cuja condição é definida pela ordem de Jim Crow, e ainda mais definida por uma história de Jim Crow — "Uma menina negra anseia pelos olhos azuis de uma menina branca, e o horror no cerne do seu desejo só é superado pelo mal da realização".

Na noite seguinte, saí de novo com Hamidou e sua esposa, Khanata, no mesmo restaurante ao ar livre com os degraus de pedrinhas que levavam até a água. Caminhei até lá no escuro e fiz meu novo ritual de meditação, desta vez me abaixando e deixando a água tocar minha mão. Depois voltei e me sentei com meus anfitriões.

Pedi uma cerveja. O mar agora só era visível quando as ondas trovejantes batiam brancas contra as rochas. Meu sonho distante da África se desvanecia enquanto eu me sentava ali, diante de dois africanos, duas pessoas de quem eu tinha começado a gostar muito — pela leveza, pelo humor. Estávamos ligados por traumas relacionados ao colonialismo e à escravidão. Mas, mesmo agora, me pergunto o que era real e o que eu projetei, e se esse sentimento de ter encontrado irmãos perdidos há muito tempo era real ou imaginário.

Nessa questão, contentamo-nos com o humor, brincando sobre como a maioria dos africanos, que nunca viveram sob a regra de uma gota,* vê os afro-americanos. As linhas eram turvas. LeBron James era negro. Beyoncé era mestiça, apesar de ter pais negros pela definição americana. Seu marido, Jay-Z, era negro porque ele era um "rapper" e não um "cantor". Da mesma forma, Steph Curry, mesmo tendo pais negros, seria mestiço, mas jogava basquete, então era negro. Sua esposa, no entanto, era mestiça.

E quanto a mim? "Você é mestiço, Ta-Nehisi", respondeu Khanata, rindo. "Olha, eu entendo o que é ser negro na América. Sei que você é negro lá, mas aqui você é mestiço. É assim que vemos a maioria dos negros americanos."

Não sei o que isso diz a meu respeito, mas apenas bebi minha cerveja e ri. Talvez tenha sido o fato de ver meu próprio evangelho, a construção social da raça, sendo pregado de volta para mim, sem emoção. Talvez tenha sido pensar nos meus amigos afro-americanos e todas as nossas piadas sobre testes de DNA e quem é 100% africano (nenhum de nós) e quem não é. E assim o humor desapareceu.

Khanata apontou que, no Senegal, esse visual "mestiço" é valorizado. Afro-americanos são vistos como estilosos, glamorosos e até bonitos *porque somos mestiços*. E muitas das mulheres senegalesas fazem procedimentos, desde alisar o cabelo até clarear a pele, para alcançar esse visual "afro-americano/mestiço". Isso de fato me surpreendeu. A regra de uma gota nos moldou e, depois, atravessou o oceano para moldá-los também, de modo que, mesmo aqui no Senegal, Pauline ansiava por Jean Harlow. Exceto que Jean Harlow éramos nós. E enquanto eu estava ali

---

* Por essa regra, uma pessoa era considerada negra, independentemente de seus traços físicos, se tivesse "uma única gota de sangue" africano, ou seja, se tivesse na família algum antepassado de origem africana, mesmo que distante. A regra vigorou até a década de 1960 nos Estados Unidos. (N. E.)

sentado com meus irmãos perdidos, ouvindo Khanata, percebi que o visual "mestiço" que eles valorizam aqui é, em si, um marcador do nosso sofrimento, uma herança do estupro em massa que paira sobre todas aquelas piadas de DNA que faço com meus amigos. A valorização da pele clara obviamente não era novidade para mim, como afro-americano, mas encontrar essa ideia aqui, saber que mesmo "em casa" Pauline não estaria a salvo, foi arrepiante. Eu tinha voltado ao ponto de origem de todos nós para ver meus irmãos perdidos, aqueles que haviam escapado da venda e da escravidão. Mas, é claro, a justificativa já tinha chegado aqui primeiro.

Na manhã seguinte, acordei cedo e fui em direção ao ônibus das sete horas que me levaria do continente até a ilha de Gorée. Disseram-me que pegar a condução matutina me proporcionaria o luxo de estar na companhia de poucos turistas. O sol ainda não havia despontado. O ar estava fresco. Quase perdi o barco por ter deixado o celular no quarto. O motorista teve de me levar correndo de volta ao hotel e depois voltar às pressas para o porto. Cheguei a tempo de os homens que trabalhavam no barco me apressarem para embarcar. Fiz algumas piadas de mau gosto comigo mesmo sobre a última vez que um grupo de africanos apressou meu povo para entrar em um barco. Acho que deveria dizer que essa ideia de Dakar como uma espécie de ponto de origem para os afro-americanos é, em si, uma história, uma invenção. A invenção é coletiva, uma origem imaginada e sonhada para preencher o vazio de um povo que foi informado de que veio do nada e que, portanto, não fez nada e, assim, não é nada. Gorée e sua suposta Porta do Não Retorno preenchem essa necessidade, um encaixe perfeitamente talhado para abarrotarem o buraco na nossa história. Mas, a essa altura, já estava bem estabelecido que poucos dos milhões de escravizados passaram por aquela porta. Eu sabia disso. No entanto, mais uma vez, nenhum tipo de estudo poderia ter impedido o que eu senti naquele momento, quando o barco se afastou da costa da África, se afastou de casa.

Não havia nada de particularmente romântico nas águas entre o continente do Senegal e a ilha logo ao largo da costa. Vi grandes navios, talvez petroleiros, alguns em aparente mau estado ou abandonados. Mas era uma bela e clara manhã. Havia apenas alguns poucos passageiros a bordo da nossa balsa. Subi para o segundo andar do barco, onde podia ficar sozinho com o mar. E então eu a vi, surgindo por trás dos navios industriais, uma ilha brilhante pontilhada de casas de todas as cores, com uma fortaleza de pedras à frente. Gorée.

Todo ano, um grupo de ativistas desce até o Alabama para reencenar o episódio mais famoso de martírio do movimento dos direitos civis, o Domingo Sangrento e a marcha pela ponte Edmund Pettus. Nunca compreendi bem o propósito dessa repetição ritual do trauma. Mas, de pé no convés daquele barco, aproximando-me da ilha, finalmente entendi. Era uma peregrinação. E agora, ao me aproximar de Gorée, eu era um peregrino em uma jornada ancestral, voltando ao início dos tempos, não apenas ao meu próprio nascimento, mas ao nascimento do mundo moderno.

A ilha estava tranquila, exceto por alguns moradores caminhando ao longo da costa. As lojas perto do cais estavam todas fechadas. Uma mulher solitária nos observou desembarcar e se aproximou para me dizer, em um inglês perfeito, que tinha uma loja nas proximidades, dando a impressão de que esperava me ver antes de eu terminar minha viagem. Ri e continuei andando. Outro cavalheiro se aproximou e se ofereceu para me mostrar a ilha. Recusei e fiquei feliz por ter recusado. Naquela hora, estava tomado por pensamentos e emoções, e realmente precisava filtrá-los, entendê-los; senti que a ladainha típica de um guia turístico sobre os pontos importantes só atrapalharia as sensações que me assaltavam naquele momento, um momento que eu nunca pensei que precisaria.

Caminhei para o sul por uma estrada de paralelepípedos, ouvindo o balido das cabras e o canto dos galos ao longe. Senti uma calma profunda. E então, no fim da rua, encontrei uma colina e subi. Dali, olhei para o mar. Vi as ondas quebrando, e a tristeza familiar que senti durante toda aquela viagem sempre que olhava para o mar voltou a me invadir. Na minha mente, eu viajava através de uma epopeia de quinhentos anos, desde que os primeiros de nós foram levados. Visões de mundo inteiras, sistemas de estudo, movimentos políticos, guerras e literatura nasceram desse único ato. E tanto sofrimento profundo. De pé naquela colina, senti tudo de maneira pessoal. Minha mente voltou para Baltimore, para o desenho, para meu pai tentando encontrar o caminho para sair daquilo através da leitura. O momento foi interrompido pelo guia da ilha — acho que eu faria uma visita guiada, gostasse ou não. Aceitei dessa vez, permitindo que a experiência acontecesse comigo, admitindo que a experiência não era só minha. Dei a ele algumas notas de CFA quando terminamos e, em seguida, fui visitar a mulher no mercado para comprar alguns produtos.

No caminho de volta de Gorée, enquanto a balsa rompia as ondas, pela primeira vez fiquei surpreso ao notar lágrimas brotando nos meus olhos. Senti-me ridículo. Gorée era um local mítico de partida, mas, mesmo assim, me tocou profundamente. Sei o que já disse a vocês — contra dar significado a essas conjurações, contra sentimentos desvinculados de evidências, contra um mundo que escapa das notas de rodapé. Na verdade, é um empirismo que remonta ao meu tempo em Howard, no Douglass Hall, onde meus professores de história me mandavam para os periódicos acadêmicos e monografias nas estantes. E também naquela comunidade mais ampla em D.C., fora de Howard, onde encontrei esse mesmo espírito de ceticismo nos poetas irascíveis que me ensinaram e que só amavam uma coisa mais do que escrever: discutir. Então encontrei isso novamente no jornalismo, com editores que acreditavam que qualquer magia que houvesse em nossa escrita era gerada pelas ruas que percorremos, pelas citações que registramos, verificamos e atribuíamos a nomes reais nos registros. E isso veio do meu pai.

Havia anciãos no meu mundo que adotavam o nacionalismo como uma religião, isto é, um conjunto de respostas tanto para suas políticas quanto para sua vida. Mas meu pai não podia ser rotulado. Ele era cético e irreverente e, como seu santo padroeiro Malcolm X, estava à procura, sempre à procura. Aquele movimento característico dele, o que ele fez quando eu ainda tentava lidar com Darryl Stingley, ao me levar de volta à biblioteca e deixar que os livros falassem por ele, refletia sua fé mais profunda. A resposta para tudo estava em um livro, ele acreditava — ou seja, nos registros. Penso naquele desenho dele. Alguns meses depois, ele estaria na faculdade, e poucos anos depois, trabalhando como bibliotecário de pesquisa. Hoje ele está na casa dos setenta, mas você ainda pode encontrá-lo sentado em sua cadeira com um livro, procurando. Tentando aprender.

Passadas algumas semanas do meu retorno, ele me ligou. Tinha acabado de ler uma história sobre a rebelião dos escravizados no século XVIII na Guiana. Ele adorou o livro, mas ficou angustiado com o desfecho da rebelião — não apenas pela derrota, mas pelos líderes se voltando uns contra os outros e, por fim, colaborando com as mesmas pessoas que os haviam escravizado. Ele suspirou enquanto me contava e disse: "Não acho que vamos conseguir voltar para a África". Meu pai não quis dizer fisicamente. Ele se referia à África da nossa imaginação, aquele glorioso Éden que criamos como exilados, um lugar sem o *Mayflower*,* Pais Fundadores, conquistadores e as várias corrupções que nos impuseram. Aquela África não poderia mais sequer existir na sua imaginação, porque a corrupção não foi imposta; ela estava em nós, fazia parte da própria humanidade que nos foi negada. Eis onde sua busca cética o levou — não às margens de uma utopia perdida, mas à dura verdade da falibilidade humana. E, no entanto, lá estava eu, nesse barco voltando de Gorée, com os olhos marejados, lamentando algo, dominado por um sentimento que ainda tento, mesmo enquanto escrevo isto, nomear.

Eis o que eu penso: temos o direito às nossas tradições imaginárias, aos nossos lugares imaginários, e essas tradições e lugares são mais poderosos quando confessamos que são imaginários. Gorée é o nome de um lugar que meu povo proclamou como sagrado, uma representação simbólica da nossa última parada antes do genocídio e do renascimento da travessia do Atlântico, antes, como escreveu Robert Hayden, da nossa "viagem pela morte/ à vida nessas costas". Temos o direito a essa memória, de escolher a rocha de Gorée, de consagrá-la, de chorar diante dela, de lamentar seu significado. E temos o direito de nos imaginar como faraós, e depois novamente a responsabilidade de perguntar se um faraó é mesmo digno de nossas necessidades, nossos sonhos, nossa imaginação.

---

* Navio que, em 1620, transportou um grupo de peregrinos ingleses da Inglaterra para o que hoje são os Estados Unidos. Esses passageiros fundaram a colônia de Plymouth, em Massachusetts, representando o início da colonização nos Estados Unidos e a necessidade de mão de obra que incentivou a instituição da escravidão. (N. T.)

Fui ao Senegal em silêncio e solidão, como um homem visitando o túmulo de um ancestral incerto. Fora Hamidou, Khanata e seus filhos queridos, passei minha viagem sozinho, caminhando e vagando, lamentando e maravilhando-me, de modo que a Dakar que vi não era tanto uma cidade de pessoas, mas, como Gorée em si, um monumento à Última Parada antes de sermos transformados. Percebo agora que fui ver uma parte da África, mas não os africanos. De fato, em quase todos os encontros que tive com pessoas reais, eu me encontrava, como aconteceu em Gorée, buscando o consolo do meu próprio reflexo. Perto do fim da minha viagem, os limites dessa abordagem foram ficando claros. Comecei a sentir que havia algo profundamente desinteressado na atitude de um homem que insiste em caminhar pelos cômodos de sua casa de infância para comungar com fantasmas, sem se importar com as pessoas que agora fazem seu lar ali. Então, na minha última noite, Hamidou e Khanata organizaram um encontro com um grupo de ativistas e escritores. Admito que não sabia o que esperar — de mim ou deles. Sentamo-nos em círculo, bebendo chá e comendo pastel. Percorremos o círculo nos apresentando em francês. Consegui me manter assim por cerca de metade da reunião antes que minha mente se cansasse e eu tivesse de mudar para o inglês. Mas não houve nenhuma culpa por parte do grupo. Todos sorriram. Eram o meu tipo de gente — ativistas contra a corrupção do Estado, escritores investigando a crescente homofobia. Mas eles eram algo mais.

Nós, negros, aqui e lá, somos vítimas do Ocidente — um povo mantido à margem de suas declarações liberais, mas próximo o suficiente para se deixar encantar por suas promessas. Conhecemos a beleza dessa casa — os degraus de calcário, o revestimento de madeira, as banheiras de mármore. Porém, mais do que isso, sabemos que a casa é assombrada, que há sangue nos tijolos e fantasmas no sótão. Sabemos que há tanto tragédia quanto comédia nessa condição. Nossas próprias vidas e cultura — nossa música, nossa dança, nossa escrita — foram todas forjadas nesse espaço absurdo, além das paredes da "civilização". Esse é o nosso poder coletivo.

Todas as classes de um povo sob pressão social são permeadas por uma experiência comum; são emocionalmente soldadas de uma maneira que outros não podem ser. Com eles, até o cotidiano tem uma profundidade épica e uma intensidade lírica, e essa sua desvantagem material é sua vantagem espiritual. Assim, em um tempo em que a arte se restringe a classes, cliques e círculos, e a vida carece cada vez mais de um pano de fundo vital comum, o artista negro, das profundezas de sua experiência grupal e pessoal, tem em mãos quase as condições para uma arte clássica.

Nosso Alain Locke, o grande curador do Renascimento do Harlem, chamou essa posição de nossa "vantagem espiritual", mas gosto da frase que ele usa no parágrafo seguinte, nosso "grande legado espiritual, do qual nossos melhores desenvolvimentos vieram e devem vir". Encontro o significado mais elevado ao comungar com aqueles com quem compartilho esse legado, com aqueles que compreendem bem o fogo que acende nossas palavras.

Naquela última noite, sentado ali, eu era um escritor cercado por pessoas que também conheciam o fogo. Elas não precisavam que eu explicasse as hipocrisias, as mentiras, a negrologia. Eu conhecia a escravidão e as leis de Jim Crow, e elas conheciam a conquista e o colonialismo. E fomos unidos por um ato inescapável: a primeira palavra escrita no mandado de saque é *África*. Um dia haverá mais, e acho que já há: no afrobeats e no amapiano. E acho que sempre houve: no jazz e em nossos rituais de saudação. E as linhas se dobram de maneiras incríveis.

Sei o que disse sobre clareza, sobre mapear a forma e o conteúdo das palavras para o sentimento. Mas confesso que ainda não encontrei as palavras para capturar essa conexão. No meio da nossa reunião, uma jovem, talvez na casa dos vinte anos, se juntou ao grupo. Eu estava sentado em um círculo respondendo a perguntas. Ela ficou na borda do círculo com um olhar de espanto no rosto. Sentou-se ao meu lado. Respondi a algumas perguntas do grupo, e então ela levantou a mão e também fez uma. Apresentou-se como Bigue Ká e me disse que era uma estudante de pós-graduação na Universidade Cheikh Anta Diop, trabalhando em uma dissertação sobre meus livros. Tenho certeza de que ela fez uma pergunta, mas não lembro. Agora o espanto era meu: lá estava eu, do outro lado, entre uma família dividida por séculos. Eu tinha voltado. Mas minha escrita chegara primeiro.

3. Carregando a cruz em chamas

Só aprendíamos algo com livros quando os roubávamos. O senhor comprou alguns escravos de Cincinnati que haviam trabalhado nas casas de gente branca. Eles tinham roubado um pouco de conhecimento e, quando vieram para o nosso lugar, nos passaram o que sabiam. Não podíamos ter papel nem lápis. Aprendi todo o abecedário sem isso. Sei ler e nunca estive numa sala de aula na minha vida. Havia uma mulher chamada Tia Sylvia. Era tão esperta que sabia das coisas antes mesmo de acontecerem.

Anônimo

Alguns anos atrás, quando estava em Baltimore para as festas de fim de ano, me peguei folheando alguns dos meus velhos pertences de infância. Era Natal. Minha família tinha acabado de comer e se preparava para se reunir na casa da minha irmã, logo na esquina, para bebidas, risadas, histórias e momentos de diversão. Eu me afastei da festa e fui para um cômodo nos fundos que, um dia, fora o escritório da pequena editora do meu pai e que minha mãe agora usa como depósito. Havia caixas empilhadas e uma estante que guardava papéis aleatórios e alguns cadernos surrados de capa preta e branca que reconheci como meus. Abri um deles e encontrei páginas cobertas com garranchos que sempre enlouqueceram meus professores da escola primária — palavras colidindo umas com as outras, letras desabando pelas linhas azuis da página. Parei em uma página com o título "Matemática". Havia duas linhas de adição e subtração, mas os números, em vez de encontrarem seu lugar na operação, pareciam se engalfinhar em um tipo de batalha campal. Mudei para outra página, na qual tentara completar uma tarefa aparentemente simples: copiar uma série de frases no caderno. Eu poderia muito bem estar copiando em sânscrito. E ali, no final da página, vi uma anotação escrita em vermelho-vivo: "Ta-Nehisi estava inquieto hoje. Teve dificuldade em seguir as instruções". Era datada de 18/02/82. Eu tinha seis anos e já começava a suspeitar que havia algo de errado comigo.

Era difícil evitar essa conclusão. Eu era, de acordo com o que diziam, uma criança bastante inteligente. Ia bem nos testes. Quando entediado, lia por vontade própria. Enquanto meus colegas gaguejavam ao ler o *Weekly Reader*, eu deslizava por palavras polissilábicas. Mas, quando se tratava de cumprir as tarefas básicas que a escola exigia — sentar na minha cadeira, prestar atenção nas instruções, caminhar em fila única, levantar a mão para pedir o passe do banheiro, levar a quantidade correta de lápis, apontadores e borrachas —, eu não conseguia lidar. O ensino fundamental virou o ensino médio, lápis se transformaram em canetas, réguas em transferidores, mas meu desempenho ficou congelado no tempo. Meus boletins eram o testemunho de uma criança-problema que não deveria ser — um garoto que parecia ser "inteligente", mas "inquieto", que "desperdiçava tempo", cuja "conduta" precisava melhorar e que não conseguia "seguir instruções".

Sempre me envergonhava dessa sensação de que fazia menos com mais, de que tinha uma tarefa e não conseguia completá-la. Olhar para aqueles cadernos me lembrou dessa vergonha, que se conectava não apenas às minhas expectativas vagas, mas aos objetivos mais concretos estabelecidos pelos meus pais, que nos sustentavam com dificuldade. Eu queria que eles se orgulhassem de mim, e ainda que naquela época eu não tivesse as palavras para expressar isso, sentia o peso da decepção deles. Acho que devo acrescentar que mostrei esses cadernos a alguns amigos, que me disseram que o TDAH salta das páginas. Esses amigos são todos mais jovens do que eu e — como vocês — nasceram em uma era de terapia, aconselhamento e medicamentos. O fato de até hoje, aos 48 anos, eu precisar de toda a concentração para escrever uma frase dentro das linhas do meu caderno de anotações e ter de escrever em letras maiúsculas para que as palavras sejam legíveis para mim mais tarde corrobora o que eles dizem. Às vezes, eu me pergunto como consegui sair dessa — ou seja, como, em nome de Deus, uma criança que mal conseguia escrever seu próprio nome em linha reta se tornou um escritor. Acho que a resposta óbvia é o milagre do processador de texto. Mas, quando eu era jovem, não estava nem um pouco claro que uma tecnologia futura pudesse me salvar. A escola não era apenas um lugar de instrução — era a primeira e última chance. Meninos negros que fracassavam na escola, pelo que eu via, geralmente não seguiam em frente para algo melhor. Com mais frequência, não seguiam em frente de forma alguma.

Creio que o que nos ensinavam não era tanto um corpo de conhecimento, mas um jeito de estar no mundo: ser ordeiro, organizado, atento às instruções. Não há nada de errado em desenvolver essas habilidades — na verdade, aprendi da maneira mais difícil o quanto elas podem ser úteis. O que está errado é a fetichização delas, a forma como eram estabelecidas acima do conhecimento real contido na álgebra ou na literatura inglesa. O resultado era que "aprender" parecia uma espécie de engabelação. E isso me frustrava porque eu gostava de verdade de aprender — só que aprendia melhor longe da minha mesa, onde ideias e conceitos podiam se tornar tangíveis.

Eu adorava nossas excursões ao Museu de Arte Walters, ao Centro de Ciências de Maryland ou ao Aquário Nacional. Eu adorava os projetos e relatórios de livros em que tinha a liberdade de transformar o conhecimento da melhor forma que sabia. Na terceira série, colocaram-me em uma aula de ciências para crianças "superdotadas". Lembro-me de uma das minhas primeiras tarefas: demonstrar o conceito de "adaptação" biológica imaginando e criando um animal que tivesse evoluído em resposta ao seu ambiente. Minha mãe, sempre tão artística, comprou tintas, reuniu velhos exemplares do *The Baltimore Sun* e me mostrou como fazer papel machê. Assim municiado, produzi um peixe semelhante a um tubarão, pintado em diferentes tons de azul e preto para mostrar sua adaptação — a habilidade de mudar de cor à medida que se movia pelo oceano. Eu tinha aprendido, e a lição foi tão marcante que, até hoje, sempre que leio a palavra "adaptação", vejo meu tubarão imaginário lá nas profundezas.

Mesmo agora, em meus estudos de línguas estrangeiras, para fixar uma palavra na memória preciso vê-la operar em várias frases, associá-la a uma imagem ou, melhor ainda, a uma história. Alguns anos atrás, precisei estudar matemática do sétimo ano para uma pesquisa e descobri que só conseguia fixar as informações trazendo os números para o mundo que eu conhecia. Assim, o número inteiro –236 se tornou um empréstimo comercial, pacotes de cocaína consignados, um meeiro tremendo no balcão da loja da plantação. O que estou dizendo é que, como muitas pessoas, memorizo melhor um conceito quando posso analisá-lo e pô-lo no mundo real. Nesse sentido, tenho sorte de ter encontrado a escrita, uma forma que deve transformar o abstrato e o distante em algo tangível e perceptível.

Não acho que eu seja o único. Vocês se lembram do artigo de Kathryn Schulz, "The Really Big One" [Um dos grandes], que lemos no workshop? O assunto era claro e importante: um tsunami estava a caminho e varreria o noroeste do Pacífico. Mas esse desastre tinha um cronograma de chegada medido em séculos. Como envolver o leitor com uma história sobre um desastre que pode não acontecer na sua vida ou na vida de qualquer pessoa que conheça?

Para Schulz, o primeiro passo é relegar o jargão — "placas tectônicas", "plataforma continental", "subducção" — ao plano de fundo, porque o jargão faz a mente ficar em branco. Em vez disso, Schulz esclarece os conceitos por trás do jargão com fenômenos do nosso mundo cotidiano. Em seu artigo, os terremotos não são apenas medidos em uma escala Richter, mas também pelos ponteiros de um relógio de pulso, e são descritos com toda a violência que o assunto exige. "O ar estava gelado, e pequenos flocos de neve caíam, mas não havia neve acumulada no chão, e, pela sensação, parecia que nem havia chão", escreve ela. "As árvores chacoalhavam, os mastros de bandeira chicoteavam, e os prédios balançavam de um lado para o outro, um pé de cada vez, cavando uma trincheira no quintal."

E então Schulz projeta o futuro para que possamos entender como nos sentiríamos se ocorresse um tsunami:

Se acontecer à noite, a catástrofe se desenrolará na escuridão [...]. A indiferença será destruída instantaneamente. Assim como tudo feito de vidro [...]. Geladeiras andarão para fora das cozinhas, desligando-se sozinhas e tombando [...]. Desancoradas no chão ondulante, as casas começarão a desmoronar.

Os verbos são surreais — estantes caindo, geladeiras andando, aquecedores de água quebrando canos de gás —, mas o choque dessas imagens, o contraste, dá vida ao inanimado. A mudança para o tempo futuro dá ao desastre iminente uma inevitabilidade que sua reportagem, a essa altura, já estabeleceu como verdadeira. E então há as frases rítmicas e inteligentes que evocam som e visão de uma forma poderosa: "A catástrofe se desenrolará na escuridão" ou "A indiferença será destruída instantaneamente. Assim como tudo feito de vidro".

Essas frases ficaram gravadas em mim, de modo que, tal como a palavra "adaptação" está associada a uma criatura, a frase "evento sísmico" evoca vidro se estilhaçando, geladeiras andando e o chão ondulando (que bela palavra). Eu aprendi algo.

O que me leva de volta às minhas dificuldades na escola. *O que eu deveria ter aprendido?* Existe a resposta óbvia a essa pergunta — tabuada, ortografia, gramática, fatos da história americana —, mas não tenho tanta certeza. Todo ano, nosso sistema de ensino forma alunos nota dez que estudaram a mesma língua estrangeira por anos e, no entanto, mal conseguem se comunicar com falantes nativos dessa língua. Isso porque eles não estudam a língua para falá-la. Em vez disso, estudam a parte da língua que se adapta melhor a fichas de estudo e provas-surpresa: conjugação, vocabulário, declinações. Essa porção de conhecimento tem grande valor, mas, removida da vida cotidiana, não passa de teoria.

Imagine aprender a nadar lendo e memorizando os passos de um nado crawl, mas nunca caindo em uma piscina.

Por que ensinamos nossos alunos desse jeito? Retomo a ideia de que ver o mundo com clareza permite uma ação mais clara. Dei aula sobre "The Really Big One" por sua estrutura porque faz algo difícil e necessário: combina beleza e política de um modo que esclarece nossa visão e nossas ações. Agora que consigo ver a escala total desse desastre e o terror que inevitavelmente acontecerá, e agora que entendo isso como o destino eventual de uma grande parte da costa oeste do meu país, é natural que eu também me pergunte o que nosso governo está fazendo a respeito.

Mas há pessoas que preferem que essa pergunta não seja feita, que o mundo e seus assuntos sejam reduzidos a fichas de estudo e provas-surpresa. Paulo Freire escreveu sobre o sistema de ensino "bancário", em que os alunos são tratados como recipientes de informação e avaliados pela eficiência — o quão "submissos" são ao "receber, memorizar e repetir" essa informação. Um professor entrega a informação ao aluno, e o aluno é bem-sucedido se a repete. Mas o meio é a mensagem: os alunos não aprendem apenas os fatos que memorizam, mas o propósito desse conhecimento:

> Quanto mais os alunos se dedicam a armazenar os depósitos que lhes são confiados, menos desenvolvem a consciência crítica que resultaria de sua intervenção no mundo como transformadores desse mundo. Quanto mais completamente aceitam o papel passivo que lhes é imposto, mais tendem a apenas se adaptar ao mundo como ele é e à visão fragmentada da realidade que é depositada neles.

Isso me entristece por diversos motivos. Sinto a tristeza de estar de volta ao terceiro ano, desapontando meus professores e meus pais, me perguntando o que havia de errado comigo. Sinto a tristeza de saber que meus pais e meus professores faziam o melhor que podiam. E, finalmente, sinto a tristeza de saber que todos nós estávamos matriculados em um sistema bancário e que, ainda hoje, há jovens presos a esse sistema, sendo informados de que seus sonhos de serem escritores ou artistas, ou mesmo apenas pessoas educadas, dependem de sua capacidade de ficarem quietos dentro de uma caixa quadrada, quando, para muitos de nós, depende do oposto.

Eu nunca quis ser esse tipo de professor — um "banqueiro" —, e isso nunca foi de fato uma opção. Eu tinha apenas vinte anos quando conduzi minhas primeiras oficinas de escrita, e essas sessões não eram realizadas na escola, mas em uma prisão, justamente o lugar que muitos dos meus anciãos temiam que fosse meu destino. Eu me pergunto o que eles diriam, me vendo lá, ensinando poesia a homens negros, todos mais velhos do que eu. Eu era um professor iniciante, o que significa que o curso era conduzido por dois poetas mais velhos — e graças a Deus por isso. A cada semana, um de nós escolhia um poema, dava exercícios de aquecimento e liderava a crítica do grupo. Quando chegou a minha vez, eu estava apavorado. Eu teria começado com Larry Neal — "Depois de Malcolm, as estações ficaram sem vida. Havia um tédio no ar por um tempo. E você se fora, e havia uma beleza persistente na dor" — porque, mesmo naquela época, eu estava fascinado pela alquimia entre beleza e eventos, o pessoal e o político. Mas o que mais lembro é a troca. Aqueles homens eram negros como eu, mas suas experiências eram muito diferentes das minhas. Eu oferecia o pouco que sabia sobre escrita, e por meio de sua escrita, eles me ofereciam as partes marcantes de suas vidas. Vinte e cinco anos depois, conheci você, e meus polos se inverteram. Naquela prisão, eu estava com homens negros velhos o suficiente para serem meus pais. Na nossa turma, eram sobretudo mulheres negras jovens o suficiente para serem minhas filhas. Isso não importava. Estar em uma sala dominada por irmãs e escritoras que se sentiam seguras o suficiente para compartilhar suas experiências, assim como aqueles irmãos e escritores fizeram naquela oficina na prisão, provou mais uma vez que a linha entre professor e aluno é pontilhada.

Não sei se esse modo de ensinar é aplicável em todos os lugares — não sei se podemos, em todas as disciplinas, ser camaradas. Mas acredito que muitos de nós, que somos professores, esquecemos que o plano de ensino serve ao aluno, e ao nosso redor há professores, administradores e colunistas que parecem acreditar que o material deve ser difícil por ser difícil, e que a educação é melhor quando transmitida não pela admiração, mas pela força. Nunca emiti formalmente um "aviso de gatilho" ou delimitei de forma explícita um "espaço seguro". Mas sei que nem todos os leitores chegam a um texto da mesma maneira. Alguns chegam tendo sobrevivido a um estupro, outros presos em um corpo designado, e outros tendo passado toda a vida escolar em salas de aula com colegas que os transformaram em seus mascotes. Parece haver uma oportunidade aqui, uma possibilidade de camaradagem, um convite para permitir uma literatura mais conversacional, para revisitar as ideias aceitas sobre voz e autoridade, para reconhecer que os alunos são seres humanos a serem desafiados, não animais a serem domados e domesticados.

É muito difícil desafiar um aluno que chega à aula se sentindo ameaçado. Isso sempre foi verdade para mim. Quando me inscrevi para a faculdade, me inscrevi em apenas uma que não era uma faculdade historicamente negra, e que ficava a quinze minutos de carro da minha casa. Eu não teria dito isso dessa maneira, até porque a linguagem não existia, mas precisava me sentir seguro.

Eu vivia em um país inseguro e esperava, um dia, poder escrever contra sua cultura e suas políticas. Precisava estar cercado por professores, alunos e jovens escritores que entendessem minha missão — mesmo que não concordassem com ela.

No meu primeiro ano, fiz uma aula introdutória de psicologia com o dr. Jules Harrell. Eu já o conhecia de uma vida anterior, como "Baba Jules", um vindicacionista e um dos homens reunidos para me guiar na minha Cerimônia de Passagem quando eu tinha catorze anos. Agora, em Howard, eu sempre me confundia e o chamava de "Baba" quando queria dizer "Doutor". Essa confusão se tornou mais difícil no início do semestre, quando ele anunciou que teríamos um palestrante convidado na próxima sessão, o dr. William Shockley. Eu não sabia quem era o dr. William Shockley. Dois dias depois, o dr. Harrell — ou Baba Jules — entrou na sala de aula e prontamente se apresentou como "dr. Shockley". Isso já era confuso o suficiente, mas então esse "dr. Shockley" prosseguiu apresentando seu argumento, que, em resumo, sustentava que qualquer diferença entre pessoas negras e brancas em notas de testes ou resultados de vida se dava porque as pessoas negras eram inerentemente menos inteligentes do que as brancas. A aula terminou e saímos um tanto atordoados, tanto pelo conteúdo quanto pelo dispositivo. Mas, na sessão seguinte, ficou claro que a confusão não era desculpa. Era uma segunda-feira. O dr. Harrell voltava a ser ele mesmo e, antes de começar a aula do dia, ofereceu uma orientação firme: nunca, em toda a sua vida, deixe alguém dizer o que eu disse a vocês na sexta-feira sem oferecer uma resposta.

Acho que os autoproclamados campeões da livre investigação e do debate aplaudiriam esse processo — expor um grupo de alunos à advocacia do diabo da maneira mais confrontacional possível. Mas, na verdade, todo o exercício se apoiava em uma base de segurança. Eu estava em uma universidade negra — cercado por estudantes e professores negros. Em outras palavras, para mim, toda a universidade era um "espaço seguro". Mas como eu teria me sentido, com apenas dezoito anos, sendo apresentado ao mesmo caso da minha inferioridade genética por um professor branco em uma sala cheia de estudantes brancos? Como eu me sentiria sabendo que alguns desses estudantes, talvez até mesmo meu professor, concordavam com Shockley? Qual teria sido a lição? A verdade é que estive em "espaços seguros" como Howard durante toda a minha vida, e eles foram essenciais para o processo necessário de enfrentar uma literatura impregnada de supremacia branca. Na infância, havia os quadrinhos maravilhosos e os romances envolventes que eu lia e pelos quais era profundamente influenciado, mas esses livros foram escritos por discípulos de racistas como Edgar Rice Burroughs e Júlio Verne. E então, na faculdade, não havia apenas Shockley, mas também Ezra Pound:

E você já se foi há cinco meses,
Os macacos fazem um som triste sobre nossas cabeças.

Quando li isso, vi algo na forma e no ritmo das palavras, e esse algo era transcendente e universal, independentemente da afinidade do autor por Adolf Hitler. Até hoje, você pode me encontrar admirando as elucidações de Thomas Jefferson sobre os males da escravidão, todas sustentadas por esses mesmos males. E durante boa parte do meu tempo como jornalista, estive cercado por pessoas que, de certa forma, me veem como uma exceção que não desmente suas teorias de supremacia branca. Muitas dessas pessoas são péssimos escritores. Mas algumas delas são incríveis — e aprendi com elas, assim como vocês.

E não há nada de elevado nisso. Eu realmente não me importo muito em ouvir "os dois lados" ou "pontos de vista contrários", tanto quanto me importa entender as ferramentas literárias usadas para promover essas opiniões — a disciplina da voz, o uso dos verbos, a extensão e a brevidade das frases, e a curiosidade de pensamento por trás dessas sentenças. É esta última que percebo tantas vezes ausente. Grandes cânones tendem ao grande poder, e o grande privilégio do grande poder é a falta de curiosidade sobre aqueles que não o têm. Essa falta de curiosidade é o que aflige os críticos mais enfadonhos dos espaços seguros e semelhantes. Mas se esses escritores, professores e administradores pudessem se desfazer do privilégio da própria ignorância, veriam que também precisam de espaços seguros — e que, para seu próprio bem, fizeram do mundo quase inteiro um espaço seguro.

Já lecionei em uma boa variedade de ambientes — prisões, bibliotecas, escolas públicas e universidades. Minha abordagem remonta a 1982. Estou tentando encantar, inspirar, estimular, porque acho que era exatamente disso que eu precisava. Mas, muitas vezes, a simples decência humana é suficiente, e geralmente descubro que se eu conseguisse explicar a vocês a razão de ensinar os pensamentos de Thomas Jefferson sobre a escravidão, se eu lhes concedesse o direito de odiá-lo, caso vocês assim desejassem, e, o mais importante de tudo, se eu me esforçasse para não ser um idiota, então vocês, por sua vez, tenderiam a se esforçar para lidar com todo o desconforto necessário. Tenho a sensação de que se eu passar mais tempo conversando com vocês do que reclamando de vocês, provavelmente algo maravilhoso vai acontecer e o aprendizado se tornará mútuo. Por isso, não me preocupo muito com os jovens cujos excessos se confinam às salas de aula e aos pátios, mas temo os velhos cuja tirania é legislativa.

O verão de 2020 agora parece distante, e é fácil ser cínico sobre aquela temporada de protestos, dado o retrocesso que se seguiu. Mas me lembro de uma era diferente, quando os nomes dos mortos morriam junto com as pessoas que os carregavam. Aqueles protestos conseguiram implantar certo ceticismo em pessoas que foram criadas com a ideia do Policial Amigo. Creio que era isso o que os supremacistas brancos mais temiam — a crescente percepção de que os policiais não eram cavaleiros e a sensação de que havia algo podre não apenas na aplicação da lei, mas talvez também na própria lei. Esse medo explica a resposta violenta aos protestos, mas até essa violência favoreceu os manifestantes, pois confirmou sua crítica. Qual era o interesse justificadamente nobre que exigia o uso de gás lacrimogêneo em manifestantes a alguns quarteirões do Capitólio, ou a implantação de uma polícia secreta em Portland, ou o literal estilhaçamento de crânios em Buffalo? Os supremacistas brancos também compreenderam isso e, ainda que a violência nunca tenha sido descartada, ao final do verão eles já haviam aprendido uma lição: por mais que a guerra estivesse se dando nas ruas, ela nunca seria vencida lá, porque o que eles combatiam, na verdade, era a palavra.

Mais ou menos na mesma época em que George Floyd foi assassinado, Nikole Hannah-Jones ganhou um Prêmio Pulitzer por seu texto de abertura em *The 1619 Project* [O projeto 1619], que argumentava que as origens dos Estados Unidos não estavam na Declaração de Independência, mas na escravidão. Nikole é minha amiga e, assim como eu, acredita que o jornalismo, a história e a literatura têm seu lugar na nossa batalha por um mundo melhor. Tive a grande sorte de assistir à construção de *The 1619 Project*, de receber mensagens dela com páginas destacadas de livros de história, de ouvi-la falar sobre a experiência emocionante de contar nossa história, cerca de quatrocentos anos depois da nossa chegada aqui, com toda a grandeza que ela merece. Ao ver a seriedade do empreendimento, sua paixão por ele, a plataforma que ela comandava e a resposta que obteve, sabia que uma reação contrária era certa. Mas não posso dizer que compreendi o quão profunda seria essa reação — que o presidente iniciaria um "Projeto 1776", que os protestos de 2020 seriam chamados por alguns da direita de "Rebeliões de 1619", conectando explicitamente, ainda que de má-fé, a escrita com as ruas, e que a Casa Branca emitiria a Ordem Executiva 13 950,[*] mirando qualquer educação ou treinamento que incluíssem a noção de que os Estados Unidos eram "fundamentalmente racistas", a ideia de que qualquer raça carregava "responsabilidade por ações cometidas no passado", ou qualquer outro "conceito divisivo" que provocasse "desconforto, culpa, angústia ou qualquer outra forma de sofrimento psicológico por conta de sua raça". É verdade que a ordem foi revogada depois que seu autor perdeu a eleição seguinte, mas, naquele momento, já havia gerado uma série de variantes em nível estadual — leis, políticas, diretivas e resoluções —, todas criadas para remover "conceitos divisivos" de qualquer treinamento ou educação. A bandeira dos direitos dos pais foi levantada. No Tennessee, professores foram demitidos. Conselhos escolares na Virgínia foram cercados. E na Carolina do Norte, a oferta de titularidade de Nikole na principal

---

[*] A Ordem Executiva 13 950, assinada em 22 de setembro de 2020 pelo então presidente Donald Trump, se intitulava "Combating Race and Sex Stereotyping" [Combatendo estereótipos de raça e gênero]. (N. T.)

universidade do estado — da qual ela mesma era ex-aluna — foi cancelada a pedido do Conselho de Curadores.

Penso que vale a pena apontar o óbvio, que os próprios governadores e políticos que exaltam em voz alta os valores da liberdade de expressão estão entre os mais agressivos em perseguir "conceitos divisivos". E acho que deve ser observado que o que esses políticos — e até alguns escritores — chamam de "teoria crítica da raça" pouco se assemelha ao estudo e à prática reais dessa teoria. Então observarei isso. Mas a questão é que essas pessoas eram mentirosas, e levá-las a sério, pressionar por um caso de hipocrisia ou de má interpretação, é voltar a perder o foco. "O objetivo", como explicou um de seus ativistas mais proeminentes, "é fazer com que o público leia algo absurdo no jornal e pense 'teoria crítica da raça'." Funcionou. Hoje, cerca de quatro anos depois da assinatura da 13 950, metade das crianças em idade escolar do país foi protegida pelo Estado da "teoria crítica da raça" e de outros "conceitos divisivos".

Pode parecer estranho que uma luta que começou nas ruas tenha agora se movido para a biblioteca, que uma contrarrevolução em defesa da polícia brutal tenha se transformado em uma guerra contra o ensino e a arte. Mas, nos meses que se seguiram ao assassinato de George Floyd, livros de autores negros sobre raça e racismo chegaram ao topo das listas de mais vendidos e mais emprestados. As livrarias negras viram suas vendas dispararem. A causa desse aumento foi que, em sua maior parte, pessoas expostas ao assassinato de George Floyd começaram a suspeitar que não havia sido ensinada toda a verdade sobre justiça, história, policiamento, racismo e vários outros assuntos relacionados. O aumento durou apenas aquele verão — mas foi suficiente para abalar os executores da 13 950. E eles estavam certos em se preocupar.

A história não é inerte, mas contém em si uma narrativa que implica ou justifica a ordem política. Assim foi com Josiah Nott olhando para o Egito antigo para justificar a escravidão. E assim é com a Revolução Americana e a fundação de uma grande república, ou a Melhor Geração que não lutou apenas para defender a pátria, mas o mundo inteiro. Se você acredita nessa história, então está pronto para acreditar que o Estado americano é uma força do bem, que é a democracia mais antiga do mundo, e que aqueles que odeiam a América a odeiam por suas liberdades. E se você acredita nisso, deve acreditar que esses haters inexplicáveis da liberdade merecem nossos drones. Mas uma história diferente, que encontra seu ponto de partida no genocídio e na escravidão, argumenta por um presente muito mais sombrio e pela possibilidade de que aqui também existam inimigos da liberdade, indignos do poder que exercem. Uma ordem política não se baseia somente em quem pode votar, mas no que podem votar, ou seja, sobre o que pode ser imaginado. E nossa imaginação política está enraizada em nossa história, cultura e mitos. O fato de as principais revistas, jornais, editoras e mídias sociais do país estarem de repente dando espaço a histórias que questionavam a narrativa consensual significava que os americanos, como um todo, também poderiam começar a questioná-la. E uma nova narrativa — e um novo conjunto de possibilidades — poderia então nascer. Freire sabia:

A capacidade da educação bancária de minimizar ou anular o poder criativo dos alunos e estimular sua credulidade serve aos interesses dos opressores, que não se importam em revelar o mundo nem em vê-lo transformado. Os opressores usam seu "humanitarismo" para preservar uma situação lucrativa. Assim, reagem quase instintivamente contra qualquer experiência educacional que estimule as faculdades críticas e que não se contente com uma visão parcial da realidade, mas que sempre busque os vínculos que ligam um ponto a outro e um problema a outro.

É muito difícil ser um escritor de qualquer comunidade excluída das promessas de uma ordem e estar "contente com uma visão parcial da realidade". É impossível escrever com veracidade sobre o povo negro, em toda nossa genialidade e tolice, em toda nossa alegria e angústia, sem perturbar aqueles que "não se importam em revelar o mundo nem em vê-lo transformado". Assim foi com Phillis Wheatley e Thomas Jefferson. Assim é com Nikole Hannah-Jones e Donald Trump. Entre Wheatley e Hannah-Jones, somos David Walker desaparecido, Frederick Douglass brigando no circuito de palestras, Ida B. Wells expulsa de Memphis, e livrarias vigiadas pelo FBI. Se a história americana começa de fato na escravidão, no genocídio, então as mentiras e as políticas que atacam a escrita de fora da ordem não devem ser apenas consideradas possíveis. Devem ser esperadas.

Eu gostaria de ser melhor nessa parte — ter esperança. Mas o fato é que, mesmo sabendo e ensinando o poder da escrita, ainda me pego cético quando vejo esse poder em ação no mundo real. Talvez seja a natureza dos livros. Cinema, música, teatro — todos podem ser vivenciados em meio aos gritos, aplausos e vivas da multidão. Mas os livros funcionam quando ninguém mais está olhando, fundindo a mente do autor e do leitor, forjando um mundo imaginário que só o leitor pode ver. Seu poder é tão íntimo, tão insidioso, que nem mesmo seus autores o compreendem completamente. Vejo políticos no Colorado, no Tennessee, na Carolina do Sul, se movendo contra meu trabalho, eliminando de bibliotecas os livros que escrevi, banindo-os das aulas, e me sinto arrancado do presente e jogado em uma era de forquilhas e fogueiras de queima de livros. Meu primeiro instinto é rir, mas então me lembro de que a história americana está repleta de homens e mulheres que eram tão letais quanto ridículos. E quando me forço a olhar seriamente, vejo algo familiar: uma tentativa de adultos de quebrar as mentes jovens que lhes foram confiadas e refazê-las em uma forma mais ordenada e maleável.

O que esses adultos buscam, em última instância, não é apenas a reinstalação de seus dados e interpretações preferidos, mas a preservação de um modo inteiro de aprendizado, austero e autoritário, que privilegia a apreensão de dogmas nacionais em vez do questionamento deles. O perigo que nós, escritores, apresentamos não é que simplesmente convenceremos seus filhos de um dogma diferente, mas que os convenceremos de que têm o poder de formar o seu próprio.

Eu tenho conhecimento de causa. Imagino meus livros como meus filhos, cada um com seu próprio perfil e maneira de caminhar pelo mundo. Meu primogênito, *The Beautiful Struggle* [A bela luta], é o filho honrado e trabalhador. O que tem aquele emprego sindical a que meu pai uma vez aspirou, quatro filhos e uma esposa que conheceu no colégio. Meu segundo filho, *Entre o mundo e eu*, é o "talentoso", ou melhor, aquele cujos dons são mais facilmente traduzidos para o resto do mundo. Ele joga na NBA, gosta das coisas boas da vida e fala mais do que deveria. Vejo *We Were Eight Years in Power* [Estivemos oito anos no poder] como o inseguro, nascido à sombra do meu filho "talentoso" e que nunca superou isso. Ele tem problemas. Não falamos muito a respeito dele. Todos esses filhos desconfiam de que minha filha, a caçula, *A dança da água*, é a minha favorita. Talvez. Ela, sem dúvida, é a que mais se parece comigo — ainda que um pouco melhor, mais confiante e segura de si. Vejo meus livros dessa forma porque isso me ajuda a lembrar que, embora sejam feitos por mim, não são, em última análise, meus. Eles saem de casa, viajam, têm seus próprios relacionamentos e deixam suas próprias impressões. Aprendi que é melhor, tanto quanto possível, sair do caminho e deixá-los viver suas próprias vidas.

Minha lealdade a essa lição é inerente — muitas vezes fico constrangido ao ver escritores se defendendo de toda crítica negativa. Mas também é estratégica: meu trabalho é preparar a mesa, construir o argumento, apresentar o mundo como o imagino e, então, partir. O falecido Jamal Khashoggi gostava do provérbio árabe "diga o que tem a dizer e vá embora". Tento viver dessa forma, porque, na pior das hipóteses, estou defendendo meus filhos, e na melhor, fazendo mais deles.

Mas comecei a ver esse tipo de retiro para a escrita como um privilégio. No mundo real, professores, pais, alunos e bibliotecários estavam sob ataque. Não podiam se dar ao luxo de se recusar a se defender. Penso muito em uma mensagem que recebi de Woodland Park, Colorado. O conselho escolar vinha tentando banir *Entre o mundo e eu*. Um pai escreveu me incentivando a entrar em contato com um dos professores que lutavam contra a proibição. "Ele acredita em você e na sua mensagem (assim como eu)", escreveu esse pai. "E está sofrendo por isso." *Sofrendo*. Parecia desumano deixar isso passar. Então enviei uma mensagem de apoio. Até fui à televisão para criticar o conselho escolar. Mas, depois disso, recuei para meu próprio espaço privado de criação de livros.

Então li sobre Mary Wood. Os contornos do caso não eram muito diferentes de outros que eu já tinha ouvido: ela era uma professora na Carolina do Sul, forçada a retirar *Entre o mundo e eu* de seu plano de aula porque havia feito alguns de seus alunos, em suas palavras, "se sentirem desconfortáveis" e "envergonhados por serem caucasianos". Além disso, eles tinham certeza de que o próprio assunto do livro — "racismo sistêmico" — era "ilegal". Essas queixas tinham uma semelhança incrível com a linguagem da 13 950, que proibia "conceitos divisivos" que provocassem nos alunos "desconforto, culpa, angústia ou qualquer outra forma de sofrimento psicológico por conta de sua raça ou sexo". E não eram apenas as queixas dos alunos que se assemelhavam à Ordem Executiva — o orçamento de 2022 da Carolina do Sul continha uma proibição copiada, quase palavra por palavra, da 13 950.

A conexão entre a legislação e a 13 950 era óbvia. Mesmo assim, pela primeira vez, comecei a pensar no vocabulário empregado — desconforto, vergonha, angústia — e em como parecia uma caricatura do vocabulário de segurança que se tornou popular nos campi universitários ao redor do país. Suspeito que isso foi intencional. O poder opressor é mantido na fumaça e na neblina, e às vezes é contrabandeado nas sombras não examinadas da linguagem dos próprios oprimidos. A estratégia se baseia no tempo limitado que a maioria dos leitores e ouvintes possui e visa comunicar através de uma abreviação que, com frequência, é um truque. Não é de surpreender que pessoas comuns, lidando com lavanderia, reuniões da associação de pais e mestres, nem sempre percebam o dispositivo e a decepção. Mas a diferença é clara — os alunos que protestaram contra Mary Wood não queriam anexar um aviso a *Entre o mundo e eu* sobre suas imagens perturbadoras ou temas, mas eliminar o livro, por força da lei, de todas as escolas do estado.

Literatura é angústia. Até as crianças sabem disso. Eu não tinha mais do que cinco anos, chorando no banco de trás do Volkswagen laranja dos meus pais enquanto eles discutiam na frente. Quando se voltaram para me consolar, ficaram chocados ao saber que eu não chorava por causa da discussão, mas pelo gafanhoto que passou fome no inverno enquanto a formiga festejava. Pensando bem, a história de Darryl Stingley foi um avanço na compreensão que começou no momento em que pude juntar frases em histórias. O lobo devora a vovó. O cão xadrez e o gato malhado devoram um ao outro. Não nasci em um lar religioso, mas sabia que meus colegas haviam sido criados com histórias de Deus expulsando Adão e Eva do paraíso por morderem uma maçã, que Ele havia destruído toda a vida, exceto a que estava na arca, que Ele havia condenado a mim e todos os outros descrentes a um sofrimento eterno. E essa é a literatura infantil daqueles que acreditam que esta é uma nação cristã. Suspeito que esses crentes diriam que a angústia, esse desconforto que irradia de seu próprio evangelho, não é incidental, mas está no cerne de seu poder transformador. Da minha parte, a angústia do gafanhoto e da formiga estava na moral da história: que a preguiça e a tolice tornavam alguém merecedor de passar fome. Esse tipo de vingança me parecia injusto, e ali estava minha revelação pessoal — uma que aparentemente contrariava a mensagem pretendida pela história. Mas, na minha angústia, no meu desacordo com o âmago do texto, encontrei minha verdade. E esse, suspeito, é o verdadeiro problema. Seja qual for a tentativa de imitar a linguagem dos estudantes universitários, não era "angústia" nem "desconforto" que essas pessoas tentavam proibir. Era o esclarecimento.

Consegui o número de Mary. Conversamos por cerca de meia hora. Ela me contou dos momentos difíceis que havia passado — a paranoia incitada por denúncias anônimas; as reuniões do conselho escolar, nas quais foi exposta ao ridículo; as ameaças ao seu emprego. Falou sobre a inclinação conservadora da área onde lecionava, Chapin, na Carolina do Sul, uma cidade à beira do lago, ao noroeste da capital do estado, Columbia. Falou de tudo o que aprendeu, de como foi para a faculdade e leu literatura pós-colonial até sentir que as peças do quebra-cabeça do mundo se encaixavam. Falou sobre o assassinato de George Floyd e como ela criou um grupo de leitura com seu departamento naquele verão que foi um divisor de águas. Foi assim que ela descobriu *Entre o mundo e eu*. Tínhamos a mesma idade. Ambos tínhamos filhos que nos enlouqueciam. Ambos praticávamos ioga para nos manter sãos. E naquele momento, ela precisava dessa prática mais do que nunca. Dizia tudo isso com um sotaque que me revelava que ela não era de algum lugar qualquer, mas *daquele* algum lugar. E havia uma afinidade ali, porque também tenho um sotaque assim, que embora tenha sido adquirido alhures, ainda faz parte desse mesmo gênero notável. E havia mais uma coisa igualmente notável. A seção da aula de Mary não foi projetada para expor os alunos a uma certa política, mas para lhes mostrar a arte de escrever um ensaio. Mary não lecionava educação cívica ou atualidades. Lecionava redação. Inglês avançado, para ser mais preciso. No exame, os alunos teriam de escrever seu próprio ensaio argumentativo, e para ajudá-los a aprender como fazer isso, ela usou *Entre o mundo e eu*, meu segundo filho, ruidoso e turbulento. Talvez eu esteja abusando dessa metáfora, mas de fato me senti como se um dos meus filhos tivesse causado problemas a alguém.

"O que você vai fazer no próximo ano?", perguntei a Mary quando nos aproximávamos de encerrar a ligação.

"Vou terminar a lição que comecei", disse ela. "Vou ensinar *Entre o mundo e eu.*"

Fiquei em silêncio do outro lado da linha durante oito segundos. A escrita para mim é um processo, não um trabalho finalizado. Começa com o tipo de angústia que a Carolina do Sul tentou proibir, às vezes originada em algo que li, mas mais frequentemente no próprio mundo — em pessoas e sistemas cujos objetivos declarados contradizem suas ações. E através da leitura, do jornalismo, começo a compreender uma verdade. Aquele momento de compreensão é extático. Escrever e reescrever é a tentativa de comunicar não apenas uma verdade, mas o êxtase dessa verdade. Para mim, convencer o leitor do meu argumento não é suficiente; quero que ele sinta aquela mesma alegria íntima que sinto sozinho. Quando saio ao mundo, é gratificante ouvir que as pessoas compartilharam parte dessa alegria, mas Mary não apenas gostou de ler o livro. O livro a trouxe para a luta.

Enfim quebrei o silêncio. Disse a ela que pensava em ir até lá, porém temia agravar uma situação que já era tensa. Mas ela me incentivou a ir. Haveria uma reunião do conselho escolar em uma semana, e ela e alguns de seus apoiadores estariam presentes.

Na semana seguinte, eu estava com Mary, comendo salada e bebendo chá verde gelado em um restaurante em Chapin. Ela era o retrato de um arquétipo sulista familiar — loira, gentil, extrovertida, filha do treinador de futebol local e de uma professora de jardim de infância. Sua conexão com Chapin era forte, mais forte até do que a de alguns dos pais que a desprezavam. A cidade havia visto um influxo de famílias procurando viver em um lugar conservador e tradicional. Mary não era nada disso. Lutava por seu emprego na mesma escola em que havia recebido seu diploma de ensino médio. O quanto esse fato ajudaria ainda era incerto. A Chapin High School era supervisionada pelo Distrito Escolar Cinco de Lexington-Richland. O distrito já tinha uma inclinação conservadora havia muito tempo. Durante os anos Trump, isso se intensificou. As reuniões do conselho escolar eram tanto um palco aberto para reacionários, teóricos da conspiração e buscadores de atenção quanto para discussões sobre orçamentos e políticas. A visível radicalização começou com a resposta do distrito à covid-19, quando moradores locais começaram a se alinhar nas reuniões para denunciar a ordem de usar máscaras como tirania e a vacinação como "uma violação do Código de Nuremberg". Vi vídeos desses eventos, e as fontes de raiva manifestada neles variavam. A raiva ia desde as máscaras e vacinas até a DEI (Diversidade, Equidade e Inclusão) e pronomes. Algo chamado "aprendizado emocional" também era um alvo eventual. Mas, na maioria das vezes, o grande inimigo de Chapin era a teoria crítica da raça. Diziam que o Distrito Cinco de Lexington se tornara um campo de batalha para a "guerra educacional" da teoria, uma doutrina tida como responsável por "ansiedade, depressão e ódio a si mesmo", que aumentava as taxas de suicídio e fazia os alunos "se envergonharem de ser brancos". Disseram-me que, às vezes, havia um ar de ameaça nas reuniões, como quando um orador avisou o conselho: "Estamos de olho", ou quando outro afirmou que o país estava sob o domínio de praticantes de "costumes pagãos" e defensores do "sacrifício infantil" e de "beber sangue". E era bastante comum que esses sentimentos fossem aplaudidos pelos espectadores.

O fato de as reuniões do conselho escolar dos Cinco de Lexington terem se tornado contenciosas ficou evidente com as normas de segurança com que fui recebido à porta. Tive de esvaziar os bolsos, permitir que minha bolsa fosse revistada e passar por um detector de metais. Do outro lado, vi dois homens corpulentos vestidos de verde militar com coletes à prova de balas visíveis. Isso me pareceu um mau presságio. Mas os guardas foram educados ao me cumprimentar, e quando Mary e eu viramos o corredor em direção à sala de reuniões, fomos recebidos por uma mulher chamada Brandi, professora de ciências do ensino fundamental. Ela estava na frente de uma mesa distribuindo folhetos contra a censura e sorriu calorosamente ao nos ver.

Dentro da sala de reuniões, as pessoas se movimentavam e conversavam. Havia mesas na frente da sala, dispostas em forma de U, com microfones e placas com os nomes dos vários oficiais do distrito. Caminhamos até o lado oposto das mesas, onde a mãe de Mary, Kathryn, nos aguardava. Apertei sua mão, e ela arregalou os olhos e sorriu. Indicou-nos nossos lugares, que havia reservado; no meu assento, encontrei uma cópia de *Entre o mundo e eu.*

"Você pode autografar, por favor?", pediu Kathryn, ainda sorrindo.

Autografei, me sentei e examinei a multidão. O que percebi foi que metade das pessoas na sala vestia camisetas azuis. Mary explicou que o azul era a cor do distrito, e Brandi havia organizado um grupo de simpatizantes no Facebook, pedindo que usassem azul para mostrar apoio a Mary. Uma mulher mais velha chamada Bobbie se sentou ao meu lado, e começamos a conversar. Ela não conhecia Mary e não usava camiseta azul. Mas explicou que, depois da morte de George Floyd, sua igreja criou um grupo de leitura sobre questões raciais. (Ela se tornara uma grande fã de Colson Whitehead.) O líder desse grupo leu sobre Mary e incentivou todos os membros a comparecerem e demonstrarem apoio. Essa foi a segunda vez que ouvi falar de um grupo de leitura nessa cidade como epicentro de ruptura política. A partir de bell hooks, os livros de autores negros ajudaram Mary a entender "por que as coisas estão tão fodidas". E foram esses livros que levaram Bobbie a apoiar Mary.

Entendo o impulso de descartar a importância do verão de 2020, de desconsiderar as "conversas nacionais", a onda de especiais de TV e documentários, até mesmo os protestos em si. Alguns de nós veem a falta de mudanças políticas e se perguntam se o movimento em si foi inútil. Mas as mudanças políticas são um ponto de chegada, não de partida. O berço da mudança material está na nossa imaginação e nas nossas ideias. E enquanto a supremacia branca, como qualquer outro status quo, pode recorrer às velhas alegações e desculpas para o mundo como ele é — maçãs podres entre os policiais, a América é a guardiã do mundo livre —, nós carregamos o fardo de criar uma nova linguagem e novas histórias que permitam às pessoas imaginarem que novas políticas são possíveis. E agora, mesmo aqui em Chapin, algumas pessoas, não a maioria (quase nunca é a maioria), começaram esse trabalho de imaginação através das obras de escritores negros.

A presidente do conselho deu início à reunião pontualmente às sete da noite. Ela notou a casa cheia e parecia se preparar para o que estava por vir. O conselho pediu um minuto de silêncio por "uma grande tragédia", cujos detalhes a presidente não explicou. Houve uma prece e um juramento à bandeira, seguidos de um relatório do superintendente sobre "liberdade acadêmica". A partir desse ponto, alusões ao caso de Mary tomaram corpo nos negócios do conselho até cerca de uma hora depois, quando, tendo concluído os assuntos preliminares, o evento principal começou. O conselho estava dando à comunidade a oportunidade de falar.

Quando a primeira mulher se aproximou do microfone, examinei a sala, tentando avaliar a extensão do apoio a Mary. Apenas algumas semanas antes, os pais haviam se alinhado nessa mesma reunião mensal para exigir sua demissão. Agora, quando olhei, vi que as camisetas azuis eram numerosas o suficiente para indicar que seus apoiadores eram muitos. Então os comentários começaram. Foi um verdadeiro golpe. Pais se alinharam em defesa de Mary, a maioria deles sendo recebida com aplausos e gritos de apoio. Uma menina de catorze anos se levantou e citou *Entre o mundo e eu*, observando que, em todo o seu tempo na escola, nunca havia recebido um livro de autor negro. Mary chorava em silêncio e, aos sussurros, tecia comentários a respeito de cada orador, suas famílias, suas ocupações, se tinham filhos no distrito. Ninguém, nenhum dos oradores, se levantou para apoiar a proibição do livro. No início, fiquei surpreso com isso, mas depois entendi — as reuniões do conselho escolar e a política local são assuntos pequenos, facilmente dominados por uma facção organizada, e naquela noite a facção era a de Mary.

Às vezes, quando estou em uma recepção, em um evento ou mesmo na rua, um irmão se aproxima para me agradecer pelo meu trabalho, e pela postura, pela linguagem e pelo corte de cabelo consigo dizer que ele acabou de sair de uma prisão. Vejo esses irmãos e me lembro do meu tempo ensinando em Lorton. Vejo esses irmãos e vejo uma versão sombria de mim mesmo, aquela que meus pais e professores avisavam que tomaria forma se as notas em vermelho-vivo continuassem, se meu "comportamento" não melhorasse. A linha entre nós parece tênue. E talvez por essa razão, sinto uma espécie de calor vindo deles também, muito semelhante com o que senti em Dakar, muito semelhante com o que sinto com vocês, porque todos trabalhamos sob essa sombra. Não havia ninguém assim na audiência daquela reunião, e eu já esperava por isso. Já havia falado para públicos o suficiente para entender que, quando se tem sorte, sua escrita vai além do seu círculo imaginado, e então você sente outro tipo de fervor, diferente, mais amplo, mas, ainda assim, fervor. Contudo, ali eu não estava falando. Eu nem era o assunto. O que eu parecia testemunhar era tanto sobre um livro quanto sobre algo mais localizado — uma espécie de referendo sobre a identidade do distrito escolar.

Mary lecionava numa turma avançada, o que significa que seu público não era formado por adolescentes prestes a entrar na faculdade, como o meu, mas alunos buscando créditos universitários e uma forma de sair na frente nesse mundo. Havia uma sensação na sala de que evitar "conceitos divisivos" não era apenas errado por razões morais, como também representava uma redução dos padrões; que proibir um livro era criar uma espécie de exceção da Carolina do Sul para as aulas avançadas, uma exceção que validava as piores caricaturas sobre a branquitude sulista, frequentemente repetidas pelo tipo de nortista que pensa "deveríamos ter deixado eles se separarem". A sala estava constrangida. Lembro-me de um homem, Josh Gray, professor de matemática da Universidade da Carolina do Sul, que se levantou, com o cabelo preso em um rabo de cavalo, e expôs essa humilhação autoimposta de uma maneira que nunca me teria ocorrido. Ele disse: "Posso dizer, como um caipira que trabalhou pelo mundo todo e conheceu pessoas de todos os lugares: não criem a percepção de que [os estudantes] precisam competir contra o pior com ações como essa, que não refletem bem nossa comunidade".

Isso pode parecer interesse próprio, uma postura assumida mais para evitar um estigma do que para romper uma estrutura de poder. Dado o tipo de sinalização de virtude que se seguiu a 2020, entendo a dúvida. Mas as virtudes *devem* ser sinalizadas, e os que as sinalizam devem agir para tornar essas virtudes manifestas. O problema está no segundo ponto, não no primeiro. E duvido que alguém abra mão de poder em nome da caridade. Nesse caso, o interesse próprio significava que, no coração de Jim Crow e da *Redenção*, ideias contrárias não poderiam ser eliminadas do debate público. E isso é progresso. Só que não é inevitável que tal progresso continue.

Na tarde seguinte, encontrei Mary para um churrasco. Eu estava, na verdade, agitado desde a noite anterior. Esperava encontrar um covil de fanáticos intolerantes. E, em vez disso, descobri que havia aliados lutando. *Aliados*. Quando comecei a escrever, parecia essencial pensar o mínimo possível nos brancos como leitores, reduzi-los na minha mente, resistir à tentação de traduzir. Acho que isso foi correto. O que tem sido surpreendente — de uma forma agradável, devo dizer — é que realmente não há necessidade de tradução, que ir mais fundo revela o humano. Chegue ao geral através do específico, como diz a regra. Ainda assim, mesmo ao entender isso, parece algo abstrato para mim. O que eu queria era ser Mary por um instante, entender por que ela passou a acreditar que valia a pena arriscar seu emprego por um livro.

O avô de Mary foi assistente social e veterano da Segunda Guerra e ficou cego enquanto desarmava minas. Quando voltou para casa, tornou-se um feroz defensor das pessoas com deficiência, mas, sobretudo, de veteranos de guerra negros com deficiência. Embora Mary tenha conhecido seu avô, ele não falava sobre sua história como ativista. Ela descobriu isso por meio de um livro depois da morte dele. Os pais dela eram mais do que a média — do tipo que, em um distrito de voto republicano, ainda instalavam uma placa pró-Biden 2020 no jardim. Mas o que ela mais sentiu enquanto crescia era uma vaga sensação de que o mundo, como convencionalmente explicavam, não fazia sentido. Ela fora criada para ser uma dama sulista, mas isso nunca se concretizou de fato. Ela precisava ser subornada com comida do Bojangles para ir à aula de etiqueta. Na igreja, não ficava obcecada com a ideia de ser salva, mas se perguntava por que não havia mulheres no púlpito. E então, na faculdade, os livros ajustaram sua perspectiva: ela leu *Erguer a voz: Pensar como feminista, pensar como negra*, de bell hooks. Quando terminou, ligou para a mãe e disse: "É por isso que tudo está tão fodido".

Era exatamente esse tipo de experiência que os defensores da 13 950, os censores de livros e os que visavam a teoria crítica da raça vinham tentando evitar. Terminamos de comer e fomos dar uma volta até o Capitólio estadual. A Carolina do Sul foi o primeiro estado a se separar e também aquele no qual tanto a Reconstrução quanto a *Redenção* alcançaram seus fins mais espetaculares. Durante todo esse período, a Carolina do Sul foi um estado de maioria negra, e no auge da Reconstrução, antes de seu desmantelamento na *Redenção*, o estado abrigava uma classe trabalhadora emancipada e uma democracia multirracial. É uma história fascinante, mas não é a que o Capitólio conta. Há uma bela escultura lá, criada pelo astronauta que virou artista Ed Dwight. Mas a maior parte dos quase 90 mil metros quadrados que compõem o Capitólio é um santuário à supremacia branca. Uma coleção de estátuas gigantes fica sobre plataformas elevadas, de modo que homens como Strom Thurmond, que construiu toda sua carreira política em torno da segregação, pairam como deuses. Wade Hampton, que escravizou gerações e depois lutou em uma guerra sangrenta para manter esse sistema, lá se encontra. Assim como Ben Tillman, que certa vez se gabou de linchamentos no Senado. Ele sabia do que falava. Em 1876, Tillman ajudou a massacrar negros em Hamburg e, em 1895, mobilizou os brancos da Carolina do Sul para retirar os negros da Constituição estadual. O movimento para apagar os negros da política varreu o Sul e teve um dia de vitórias em congressos nacionais, assembleias legislativas e tribunais. Mas se você olhasse apenas para os órgãos óbvios do governo, perderia a abrangência do ataque.

Recapitulando a exploração dos camponeses da Europa medieval, a historiadora Barbara Tuchman escreveu em *Um espelho distante* que, nos "contos e baladas" da época, os camponeses eram retratados como "agressivos, insolentes, gananciosos, carrancudos, suspeitos, ardilosos, barbudos, sujos, feios, estúpidos". Tuchman cita histórias da época que afirmam que um campesinato não explorado "perturba Deus", e que o universo só pode ser corrigido quando os camponeses são deixados para "comer cardos e espinhos, urtigas e palha". As histórias justificavam o trabalho forçado do feudalismo — ênfase em "forçado":

> Os registros falam de camponeses crucificados, queimados, arrastados atrás de cavalos pelos bandidos para extorquir dinheiro. Havia pregadores que apontavam que o camponês trabalhava incessantemente para todos, muitas vezes sobrecarregado por suas tarefas, e que imploravam por mais bondade, mas tudo o que podiam aconselhar à vítima era paciência, obediência e resignação.

Lembro-me de ler isso e ficar chocado com o quanto tudo me parecia familiar, até a noção de que a sorte seria melhor na próxima vida. Mas não deveria ter ficado chocado. As narrativas sobre os servos — a negrologia da Europa do século XIII — justificavam sua exploração. E isso era tão verdade na Idade Média quanto foi durante a era Jim Crow. Você não ergue estátuas imponentes como as que vi no Capitólio só por diversão. A política é a arte do possível, mas a arte cria o possível da política. Uma política de reforma do bem-estar existe a partir do mito da rainha do bem-estar. Romances, memórias, pinturas, esculturas, estátuas, monumentos, filmes, minisséries, anúncios e reportagens jornalísticas, tudo organiza nossa realidade. A segregação Jim Crow, com sua sinalização e seus rituais de cumprimento, era tanto política quanto uma espécie de teatro público. As artes nos dizem o que é possível e o que não é, porque, entre outras coisas, elas nos dizem quem é humano e quem não é. Todos os Gêmeos Gold Dust e Korn Kinks, todos os Sambos e Niggerheads, todos os fantasmas e macacos, todos os Uncle Bens e Aunt Jemimas, todos os Negros-Morrem-Primeiro e Negra-Puta-Quer-Pau são, na essência, os mitos fundadores de um império.

E eles escreveram tudo isso. No século XIX, enquanto os ex--escravizados procuravam construir a primeira democracia igualitária na história americana, foram combatidos por homens brancos que se autodenominavam "Redentores", não apenas do governo e da sociedade, mas da história e da arte. Eles ergueram estátuas. Escreveram histórias, memórias e romances. E então, com o trabalho de Redenção completo, mais histórias foram publicadas para que terroristas e bandidos fossem lembrados como cavaleiros e campeões. Jesse James é o próprio Robin Hood da América, um fora da lei exaltado em romances, filmes e músicas por resistir às grandes forças do capitalismo industrial, aos trilhos de trem e aos barões ladrões do Norte. A arte esconde a verdade sobre Jesse James — que ele era descendente de uma família escravocrata, que lutou do lado da escravidão e depois contra a Reconstrução, e que em seu primeiro assalto a um trem usava uma máscara da Ku Klux Klan. Com o tempo, até mesmo esse símbolo de terrorismo seria redimido.

Quando D.W. Griffith quis "atirar uma grande flecha bem no coração do cinema americano", ele sabia exatamente que história contar e como fazê-lo, e não seria arte pela arte. A Guerra Civil "não foi contada de forma precisa nos livros de história", afirmou Griffith. "Apenas o lado vencedor da guerra pode contar sua história." Tratava-se de uma hipérbole, o tipo de inversão que o poder usa para justificar a si mesmo, da mesma forma como o valentão finge ser vítima para adicionar virtude à sua violência. Mas os "perdedores" da Guerra Civil não eram vítimas. Na verdade, *O nascimento de uma nação* compartilhava sua visão de mundo com o presidente dos Estados Unidos Woodrow Wilson. Griffith usou textos dos dez volumes de A History of the American People [Uma história do povo americano], de Woodrow Wilson, ao longo do filme. Por sua vez, Wilson exibiu o filme na Casa Branca. Essa era a arte como política e foi monstruosamente bem-sucedida. Remodelou o negócio do cinema, a arte do filme e a história americana. Inspirada por O nascimento de uma nação, a segunda Ku Klux Klan surgiu, tomando seus rituais — que nos assombram até hoje — diretamente do filme. E então, em 1919, quatro anos depois da estreia, o Verão Vermelho e a onda de linchamentos varreram o país. A vida imitou a arte, e para os negros restou fugir e lutar por suas vidas.

Temos vivido sob uma classe de pessoas que governou a cultura americana com uma cruz em chamas por tanto tempo que, regularmente, deixamos de perceber o peso de ser governados. Mas eles, não. E, assim, os Redentores desta era olham ao redor e veem seu reino sitiado por Barbies trans, mutantes muçulmanos, filhas namorando filhas, filhos pedindo doces no Halloween vestidos como reis de Wakanda. O medo instigado por essa cultura em ascensão não é pelo que ela faz hoje, mas pelo que prenuncia para amanhã — um mundo diferente, no qual as fronteiras da humanidade não são tão facilmente desenhadas e reforçadas. Nesse contexto, a Mãe pela Liberdade que grita "Pense nas crianças!" deve ser levada a sério. O que ela está dizendo é que seu direito à América que ela conhece, seu direito ao maior e mais verde dos gramados, aos SUVs mais robustos e resistentes, a um arsenal de infinitos AR-15, repousa sobre uma hierarquia, uma ordem, convenientemente explicada e santificada pelas ideias, pela arte e pelos métodos educacionais de seu país.

Esse é o cerne da questão. Não é por acaso que Mary, que ensina redação no nível mais avançado, se tornou um alvo. Grande parte da atual polêmica sobre "proibição de livros" e "censura" se equivoca num ponto. Isso não é sobre mim ou qualquer escritor do momento. Trata-se dos escritores que virão — os limites de sua imaginação, o ângulo de seu pensamento, a profundidade de suas perguntas. Não posso dizer que sabia disso naquele primeiro dia em Lorton, mas, com o tempo, ensinando, logo ficou claro que ser um bom escritor não seria suficiente. Precisávamos de mais escritores, e eu tinha a responsabilidade de ajudá-los como leitor, de ser um público ativo para as histórias que queriam contar, ou como professor, para que pudessem aprender a contá-las melhor, a mergulhar mais fundo na própria verdade da mesma forma que eu alcançava a euforia, e alcançar os corações dos leitores e incendiá-los como Mary foi incendiada desde a faculdade: por palavras em uma página.

Enquanto caminhávamos pelos terrenos do Capitólio, pensei no que significaria para um jovem estudante visitar esses mesmos terrenos. Pensei no que deve significar andar entre esses membros da Klan, escravocratas e segregacionistas, elevados em suas plataformas ao status de titãs. Pensei no que significa voltar às escolas, onde trabalhos que questionam essa beatificação são deixados de lado, às bibliotecas que estão sendo esvaziadas de histórias desconfortáveis. E pensei em como tudo isso funciona não apenas para desinformar, mas para deseducar; não apenas para garantir que as respostas certas sejam memorizadas, mas para que as perguntas erradas nunca sejam feitas. E pensei em mim, lá em Baltimore, e naquilo para o que eu estava sendo treinado. Fui salvo pelos livros na minha casa, pela mensagem implícita de que o aprendizado não pertence exclusivamente às escolas. Quem eu seria se fosse deixado à mercê daqueles que procuram encolher a educação, torná-la ordenada e maleável? Não sei. Mas sei o que eu não seria: um escritor.

As estátuas e a pompa podem enganar você. Parecem símbolos de guerras há muito resolvidas, travadas em nome de homens há muito mortos. Mas a Redenção não é sobre honrar um passado. É sobre matar um futuro.

4. O grandioso sonho

Todos nós fomos enganados sobre muitas coisas.
Noura Erakat

No último dia da minha viagem à Palestina, visitei o Yad Vashem, o Centro Mundial da Memória do Holocausto. Não sei dizer se já vi um local de luto mais impressionante. Era fim de maio, quando o clima no Levante é seco e quente. Assim como em Gorée, recusei-me a fazer o tour guiado, preferindo vagar pelo complexo — seus edifícios, monumentos e áreas ajardinadas — em companhia das minhas próprias impressões. Comecei entrando em um grande prédio com paredes de marfim, onde deparei com o gigantesco Livro dos Nomes, setenta volumes separados se estendendo por quase todo o comprimento da sala de oito metros de comprimento que o abriga, contendo cerca de 17 500 páginas, cada uma com a altura de um ser humano adulto; nessas páginas estão os nomes de quase 5 milhões de judeus que foram assassinados no Holocausto.

Folheei lentamente o Livro, passando as páginas, parando de

vez em quando, até ter circundado todo o cataclismo. Mal fazia vinte minutos que começara a visita e eu já sentia a necessidade de descansar. Sentei-me em um banco próximo, caindo em uma espécie de reflexão sem pensamentos, onde eu sentia, mas não falava, nem comigo mesmo. A mente humana só consegue conceber uma certa quantidade de tragédia ao mesmo tempo e, quando as vidas perdidas espiralam para centenas, depois milhares, e então milhões, quando o assassinato se torna uma massa ampla, aparentemente interminável, perdemos nossa capacidade de ver as vítimas como algo mais do que uma coleção abstrata, quase teórica, de vidas. Dessa forma, um segundo crime é perpetrado: seres humanos são reduzidos a um mingau de sofrimento. No Yad Vashem, a enormidade do livro espelha a extensão do crime que registra, mas os nomes, cada um inscrito com clareza, se destacam contra a massa da coisa, como estrelas pontilhando a noite. Nesse sentido, o Livro dos Nomes faz exatamente o que nós, escritores, buscamos fazer. Esclarece.

Sentei-me no banco enquanto observava um jovem casal, que conversava em francês, folhear o Livro em busca do nome de um parente perdido. Então me levantei e deixei aquela sala de paredes de marfim e caminhei pela Avenida dos Justos entre as Nações, um longo espaço ao ar livre dedicado aos gentios que arriscaram a vida em favor dos judeus caçados por Hitler. No final da Avenida, entrei no Museu da História do Holocausto do Yad Vashem. Já percorri os corredores em espiral do Museu Nacional de História e Cultura Afro-Americana, uma jornada que começa nas profundezas de um navio negreiro. Já estive na Whitney Plantation, em Nova Orleans, que não se centra nas damas sulistas e em coquetéis de menta, mas no sistema de trabalho forçado que aprisionava, explorava e açoitava seres humanos até o limite de suas vidas e além. Já estive diante das trincheiras em Wilderness, na Virgínia, onde homens foram queimados vivos em uma guerra para manter esse mesmo sistema. O fato de os Estados Unidos darem mais atenção aos genocídios no exterior do que aos genocídios cometidos dentro de suas fronteiras pode induzir você a um quase negacionismo, levando-o a pensar que os males do Holocausto foram exagerados para causar certo efeito. Isso é errado. Sempre que visito um espaço de memória dedicado a essa catástrofe específica, o que me ocorre é que foi pior do que eu pensava, pior do que eu poderia imaginar. E o Yad Vashem não foi exceção.

Entrei no prédio principal e deparei com uma colagem de filmes caseiros feitos nos anos em que essa tecnologia ainda era nova. Imagens fragmentadas de comunidades judaicas foram costuradas de forma que parecessem um único rolo contínuo de filme. Fiquei tão atônito ao tomar notas de todas as imagens, mas uma delas ainda me assombra — a de duas mengininhas olhando para a câmera, acenando, me chamando ao longo dos anos. Então elas desapareceram, e eu me senti em pé na esteira do tempo, passando por um mundo também em vias de desaparecer.

Continuei andando devagar, percorrendo o museu. Vi os retratos de famílias assassinadas. Vi os chicotes trançados usados para levar cativos judeus ao trabalho nos campos. Havia um mapa com legendas e gráficos de barras revelando os números dantescos — 3 milhões, dentre 3,25 milhões de judeus poloneses, exterminados. E havia momentos de grande heroísmo, como uma exposição que contava a história dos 50 mil judeus salvos por Dimitar Peshev, o vice-presidente do Parlamento da Bulgária. Senti-me culpado por precisar desses raros momentos de alívio narrativo, talvez porque a escrita tenha me ensinado a virtude de enfrentar o horror sem exigir uma esperança fácil e barata. Mas, quando você está ali e contempla a história do campo de concentração de Klooga, cujos mestres nazistas eram tão focados em assassinar que mataram cerca de 2 mil judeus em vez de permitir que fossem resgatados pelas tropas russas, que estavam a poucos dias de distância, você começa a sentir a própria esperança escorrer pelos dedos, e não apenas a esperança pelos cativos judeus em Klooga. Em um lugar como esse, sua mente se expande à medida que o breu de sua imaginação floresce, e você se pergunta se a depravação humana tem algum limite, e se não tem, que esperança resta para qualquer um de nós.

Mas a viagem tinha esse propósito — uma expansão da escuridão, um confronto com seu tamanho, sua forma, seu peso. Lembro-me de estar diante de uma exposição que contava a história do *Struma*, um frágil navio que transportava 781 judeus de uma morte certa na Romênia para as fronteiras da Turquia. Seus passageiros imploraram entrada na Palestina Mandatária, então sob domínio britânico. Os refugiados tiveram sua entrada recusada e foram rebocados pelo estreito de Bósforo até o mar Negro e abandonados. No dia seguinte, um torpedo russo errante atingiu o navio. Todos morreram, exceto David Stoliar, de dezenove anos. Eis um homem que conhecia bem a escuridão. Ele havia sido expulso da escola na Romênia pelo crime de ser judeu e depois passou um tempo em um campo de trabalho forçado, tudo antes mesmo de embarcar no *Struma*. E em 1948 Stoliar estava livre, um soldado lutando para tirar um Estado judeu da imaginação sionista e trazê-lo para a realidade.

A formação de Israel, a luz saindo da escuridão da Shoá, há muito tem sido apresentada como um desfecho edificante para o Holocausto, um exemplo do longo arco do universo moral se inclinando em direção à justiça. Vi a conexão feita bem ali no Yad Vashem em uma de suas últimas exposições: um rolo de filme em preto e branco de David Ben-Gurion declarando a criação do Estado de Israel. Esse arco, do Holocausto ao Estado-nação, foi traçado em filmes, na literatura e na memória global. A incessante melancolia de *A lista de Schindler* encontra seu alívio nos judeus indesejados e errantes, salvos por Schindler, encontrando um lar em sua Terra Prometida enquanto "Jerusalem of Gold" toca ao fundo. Dessa forma, o desejo de alívio pode ser permanentemente saciado: 2 mil anos de injustiça foram, enfim, corrigidos, e um povo perseguido, caçado e submetido a um genocídio industrializado não só sobreviveu, como ainda encontrou seu caminho de volta para um lar dado por Deus.

Lar — com todas as suas implicações de segurança, aconchego e família — é somente a metade da história nacional de Israel. Não se trata apenas de que o povo judeu finalmente teve permissão para cultivar sua própria Terra Prometida livre do terror dos gentios, mas de, sobre essa Terra Prometida, terem erguido um Estado judeu, o que significa que a nação judaica se uniu a uma bandeira judaica oficial, a uma língua judaica oficial e a um Exército judaico oficial. E isso não significava apenas liberdade, mas poder. Depois dos assassinatos em massa na Renânia, depois de toda a civilização tê-los abandonado nas câmaras de gás, depois de Dreyfus e Shylock, depois da expulsão da Espanha, depois de 2 mil anos de depredações, o povo judeu havia tomado seu lugar entre Os Fortes. A forma dessa história não é apenas o arco curvado da justiça, mas algo mais: um círculo perfeito. Não uma mera reparação, mas uma restauração, uma redenção.

E essa redenção se tornou evidente no momento em que entrei no Yad Vashem, porque a primeira coisa que vi ali não foi uma exposição, mas uma fila de cerca de vinte soldados fardados, carregando armas do tamanho de crianças. Eles próprios eram quase crianças — pela aparência, deviam ter acabado de sair do ensino médio — e se entretinham com algum tipo de brincadeira que só eles conheciam. Fiquei ali parado, olhando, provavelmente por mais tempo do que deveria. Havia algo incongruente em tantas armas sendo empunhadas de forma tão flagrante em um lugar tão solene. Sabia que eles estavam ali para proteger esse local daqueles que gostariam que o trabalho de Hitler fosse mais completo. Mas, a essa altura, eu sabia que não era só isso que os soldados deste país protegiam.

No meu primeiro dia completo em Jerusalém, caminhei com um grupo de escritores, editores e artistas pela Cidade Velha de Jerusalém. Estávamos hospedados em Jerusalém Oriental, que está sob ocupação israelense, assim como a Cisjordânia e Gaza, desde 1967. Éramos, ao todo, cerca de doze pessoas, vindas de todas as partes do mundo, África do Sul, Caxemira, Reino Unido e Estados Unidos, a convite do Festival de Literatura da Palestina. Durante cinco dias, nossos anfitriões nos levaram de cidade em cidade para que pudéssemos ver a Palestina de perto. O sol se apresentava enorme e brilhante em um céu aberto, sem nuvem alguma, mas havia certo frescor no ar. Nosso grupo caminhou até a beira do Portão do Leão, onde encontramos o guardião de um dos locais mais sagrados do Islã: o complexo de Al-Aqsa, que inclui a Mesquita de Al-Aqsa e o Domo da Rocha. Esse era o objetivo da nossa visita, que, entretanto, foi dificultado pela legião de soldados que examinaram nossos passaportes e depois, sem razão aparente, nos fizeram esperar.

A terra do complexo de Al-Aqsa é sagrada tanto para muçulmanos quanto para judeus. Os muçulmanos acreditam que Al-Aqsa é o local onde o profeta Maomé ascendeu ao céu. O povo judeu tem um nome diferente para ele: Monte do Templo, solo sagrado cujo poder deriva de uma amálgama de lenda coletiva, narrativa compartilhada e fatos históricos. As três religiões abraâmicas — cristianismo, judaísmo e islamismo — acreditam que o Monte do Templo é o local de um templo construído pelo bíblico rei Salomão. Além da fé, o Monte do Templo também é o local do Templo de Herodes. E embora as evidências arqueológicas para o templo de Salomão sejam escassas, a existência do Templo de Herodes é um fato estabelecido. E há ainda a profecia, pois alguns de fé mais fervorosa acreditam que um terceiro templo será erguido ali um dia, anunciando a chegada do Messias. O Muro das Lamentações, na extremidade de Al-Aqsa, é tudo o que resta do templo de Herodes e também a área destinada aos judeus para adorar, sob um acordo chamado "status quo", que divide a Cidade Velha em zonas de adoração separadas para judeus, cristãos e muçulmanos. A Jerusalém moderna é dividida entre Leste e Oeste, sendo a primeira majoritariamente habitada por palestinos, e a segunda, por israelenses. Defensores de uma solução de dois Estados há muito imaginam Jerusalém Ocidental como a capital de Israel, e Jerusalém Oriental como a capital do Estado palestino. A Cidade Velha fica em Jerusalém Oriental, e, por ora, um Waqf financiado pela Jordânia exerce controle nominal sobre Al-Aqsa. Mas o controle real pertence à potência ocupante, com resultados previsíveis: israelenses visitam Al-Aqsa regularmente, enquanto palestinos são barrados no Muro das Lamentações.

Ficamos no Portão do Leão por cerca de 45 minutos, conversando entre nós, sem saber o que se passava ou por que havíamos sido parados. Seria por causa das câmeras? Seria porque nosso guia era jordaniano? Nenhuma justificativa foi dada, nenhuma pergunta feita, nenhuma instrução oferecida. Os soldados se limitaram a permanecer ali com suas enormes armas, bloqueando o caminho. Eu me encostei em uma parede próxima e observei enquanto grupos de turistas passavam pelo portão, sem serem incomodados ou questionados. Mas, durante todo o tempo em que fomos obrigados a esperar, ninguém que se identificasse visivelmente como muçulmano passou pelo Portão do Leão. Eu não conseguia pôr em palavras o que via, mas, ao observar aqueles soldados ali parados, roubando nosso tempo, o sol refletindo em seus óculos como xerifes da Geórgia, senti que as lentes da minha mente começavam a se curvar, refratando o borrão de eventos novos e estranhos.

No dia seguinte, estava com o mesmo grupo, caminhando pela cidade velha de Hebron com Walid Abu al-Halawah, um urbanista local. Al-Halawah, de óculos escuros, jeans escuros e camisa verde de mangas compridas, explicou que, quando era criança, essa cidade era aberta e movimentada, com um mercado próspero e fluxos de peregrinos que vinham visitar Al-Haram Al-Ibrahimi, que é tradicionalmente considerado o local de sepultamento de Abraão, Sara, Isaac e Jacó. Mas, assim como na Cidade Velha, soldados israelenses exerciam controle total sobre todo o movimento pela cidade. Estávamos no portão da Al-Shuhada, que antes era a principal rua comercial da antiga Hebron. Agora, os palestinos são proibidos de entrar na Al-Shuhada, enquanto os colonos se deslocam livremente por toda a cidade. "Há 126 câmeras israelenses filmando e gravando todo o caminho até aqui", disse Walid. Em seguida, ele apontou para um telhado após outro e disse: "Há uma câmera lá. Uma câmera ali. Outra câmera lá".

A característica mais visível da cidade eram seus incríveis pontos de controle — alguns não passavam de soldados fazendo ronda, outros eram portões enormes com catracas de metal. Ao nos aproximarmos de um, vi duas crianças palestinas sendo paradas por um soldado e direcionadas de volta para a rua de onde vieram. Então foi nossa vez. Aproximamo-nos um por um. Eles verificaram nossos passaportes e nos autorizaram a seguir. Esses soldados vagam como querem, parando e interrogando à vontade. Mais tarde naquele dia, saí para comprar alguns itens de um comerciante. Mas, antes que eu pudesse chegar lá, um soldado saiu de um ponto de controle, bloqueou meu caminho e perguntou qual era minha religião. Ele me olhou com ceticismo quando comuniquei que não tinha uma e então perguntou qual era a religião dos meus pais. Quando informei que eles também não eram religiosos, ele revirou os olhos e perguntou dos meus avós. Quando respondi que eles eram cristãos, ele me deixou passar.

Se isso tivesse acontecido nos Estados Unidos, eu lhe diria que o soldado que me parou era negro, e acho que lá também o consideram assim. Na verdade, havia soldados "negros" por toda parte, exercendo seu poder sobre os palestinos, muitos dos quais, na América, seriam considerados "brancos". Mais uma vez, senti as lentes mentais se curvando contra a luz e me lembrei de algo que sabia havia muito tempo, algo sobre o que escrevi e falei, mas, ainda assim, fiquei surpreso ao ver aqui com tanta clareza: que raça é uma espécie de poder e nada mais. Eu soube, naquele momento, como me posicionaria na hierarquia do poder se tivesse dito àquele soldado negro que eu era muçulmano. E naquela rua, tão longe de casa, de repente senti que havia viajado não apenas através do espaço, mas também do tempo.

Pois, assim como meus ancestrais nasceram em um país no qual nenhum deles era igual a um homem branco, Israel se revelava um país em que nenhum palestino jamais é igual a um judeu em nenhum lugar. Esse fato não é difícil de discernir. Além das minhas próprias impressões iniciais, há a própria lei, que, de forma clara e direta, chama por uma sociedade de dois níveis. Cidadãos judeus de Israel que se casam com cristãos da Escócia podem passar sua cidadania para o cônjuge e os filhos; cidadãos palestinos de Israel não podem. Judeus israelenses em Jerusalém são cidadãos do Estado; palestinos na cidade são meros "residentes permanentes", um tipo de subcidadania com um conjunto reduzido de direitos e privilégios. Em Hebron, os colonos judeus estão sujeitos à lei civil, com todos os seus direitos e proteções, enquanto os palestinos apátridas na mesma cidade estão sujeitos a tribunais militares, com todo o seu poder sumário e ceticismo.

A natureza separada e desigual do governo israelense é tanto intensa quanto onipresente, algo que vi com meus próprios olhos. As estradas e rodovias que percorremos eram separadas por placas de carros de cores diferentes. As amarelas eram usadas, sobretudo, por judeus, enquanto as brancas com letras verdes eram usadas quase exclusivamente por quem não é judeu. Enquanto viajávamos por essas estradas na Cisjordânia, nosso guia apontava para os assentamentos, palavra que eu sempre associei a acampamentos rústicos no deserto, mas, na verdade, os assentamentos se assemelham mais às subdivisões americanas, diferenciadas das vilas palestinas por casas com grandes telhados vermelhos, assim como as cercas brancas denotavam os subúrbios da América do século XX e não suas cidades abarrotadas.

Nos telhados de diversas casas palestinas, vi grandes cisternas para coletar água da chuva. Essas cisternas eram decerto quase ilegais, já que o controle do Estado de Israel sobre a Cisjordânia inclui o domínio sobre os aquíferos subterrâneos e a água da chuva que cai. Qualquer estrutura destinada à coleta de água exige uma permissão da potência ocupante, e é raro que tais permissões sejam concedidas aos palestinos. O resultado é previsível — o consumo de água por israelenses é quase quatro vezes maior do que o dos palestinos que vivem sob ocupação. E nesses assentamentos da Cisjordânia, que eu antes via como simples postos avançados, é possível encontrar clubes de campo com grandes piscinas. Ao ver essas cisternas, ocorreu-me que Israel havia ido além do Sul segregado de Jim Crow e separado não apenas piscinas e fontes, mas a própria água. E mais, ocorreu-me que ainda existe um lugar no planeta — sob o patrocínio americano — que se assemelha ao mundo em que meus pais nasceram.

E eu estava nesse mundo, mesmo enquanto caminhava hesitante por Yad Vashem, que é, entre outras coisas, uma grande narrativa de ancestrais conquistados, construída por seus descendentes conquistadores. Posso ver isso agora, depois de caminhar pela terra. Mas houve um tempo em que observei de longe e usei essa mesma terra para servir à minha própria história, mais limitada. Dói dizer isso a vocês. Dói saber que, na minha escrita, fiz com as pessoas aquilo a que, nesta escrita, me opus — que reduzi pessoas, diminuí pessoas, apaguei pessoas. Quero lhes dizer que estava errado. Quero lhes dizer que sua opressão não irá salvá-los, que ser uma vítima não os iluminará, que isso pode muito facilmente os iludir. Aprendi isso aqui. Em Haifa. Em Ramallah. E sobretudo aqui, em Yad Vashem. Então esta é outra história sobre escrita, sobre poder, sobre acerto de contas, uma história não de redenção, mas de reparação.

Quando penso nos meus primeiros dias como escritor, o que lembro é uma espécie de desejo profundo, eu *sentia* tudo o que queria dizer, mesmo que não *soubesse* exatamente o quê. Havia tanto que eu não entendia, e o que eu entendia nunca conseguia expressar com todas as camadas e cores que transmitiriam aquele entendimento ao meu leitor. Eu me apaixonava por alguma garota e encontrava minhas emoções tão dominadas que o único escape era escrever a respeito. Mas, quando pegava meu caderno de escrita de capa preta e branca e colocava a caneta no papel, o que via, na verdade, eram as palavras de mil outros homens que vieram antes de mim. Eu não tinha uma voz, o que significa que não tinha um ritmo, um léxico, um senso de beleza que pudesse chamar de meu. Ficava acordado até tarde lendo "As You Leave Me", de Etheridge Knight, repetidas vezes, perguntando-me como diabos ele conseguiu escrever aquilo. O que significa assistir à mulher que você ama *disappear in the dark streets/ to whistle and smile at the johns*"?* Eu era tão jovem. Sabia o que era querer de um jeito e ser desejado de outro — mas não assim, não com uma mulher que saía "para assobiar e sorrir para os clientes". Aquela frase era uma descrição tão elegante do trabalho sexual que penso que, mesmo que Etheridge Knight nunca tivesse vivido aquela experiência, ele sabia o suficiente sobre a vida para nos fazer sentir como se tivesse. Havia naquilo uma lição para mim. Sei que há escritores que conseguem imaginar um mundo a partir do nada. Mas não sou um deles. O senso de beleza que eu procurava tinha de emergir do conhecimento.

Há dez anos, adquiri o senso de que todas as habilidades e técnicas sobre as quais conversamos — a beleza inerente à sensação e ao ritmo das palavras, a grande importância da reportagem direta e da pesquisa profunda, a força de uma linguagem ativa e intencional, o poder do tempo verbal, a gravidade da história — estavam finalmente ao meu alcance. Não me considerava um mestre de todo esse arsenal, mas sentia que compreendia bem seus usos. E mais, eu tinha, para minha surpresa, me encontrado escrevendo para *The Atlantic*, uma revista renomada, com os recursos para resguardar e fortalecer minha escrita. Isso foi crucial. Eu me via como parte de uma linha de escritores autodidatas, homens e mulheres que se sentiam em posse de alguma verdade essencial, mas eram obrigados a testemunhar essa verdade sem checadores, sem editores, sem acesso a arquivos distantes e

---

* "desaparecer nas ruas escuras/ para assobiar e sorrir para os clientes." (N. T.)

bancos de dados caros para aperfeiçoar aquele testemunho. Mas agora eu tinha essas ferramentas, e entendia que qualquer poder que eu sentisse possuir como escritor, o poder amplificador da instituição ao meu redor era indispensável.

Tudo isso eu trouxe à tona, em profundidade, em um ensaio para *The Atlantic*, "O caso das reparações". Enquanto escrevia, podia sentir tudo fluindo através de mim — todo o estudo da linguagem, toda a leitura, toda a reportagem —, tudo se juntando no que me soava como dissertação com uma audiência de uma só pessoa. Sei que isso parece loucura. Mas, nos meses anteriores à publicação do artigo, senti que havia, enfim, descoberto a resposta para a pergunta inquietante de por que meu povo se estabelecia de forma tão constante na base de quase todos os indicadores socioeconômicos. A resposta era simples: a persistência da nossa carência correspondia exatamente à persistência do nosso saque. Fui abençoado com um dom, e o dom não era apenas o conhecimento de que "eles" estavam mentindo (sobre nós, sobre este país e sobre eles mesmos), mas a prova — estudos, monografias e minha reportagem. E eu tinha uma instituição que garantia a validade desse exercício, que colocava seu peso e prestígio por trás disso. Acho que é estranho para mim, que prego o poder da escrita, dizer isso, mas fiquei chocado com tudo o que veio dessa união. Eu havia estabelecido metas relativamente modestas — sintetizar a erudição e o jornalismo de uma maneira dinâmica e envolvente, para "transformar a escrita política em arte", como Orwell implorava, para que a ideia de reparações, a noção de que fomos roubados e devemos ser ressarcidos, não fosse mais tão facilmente ridicularizada pelos ladrões. Talvez esse tenha sido meu erro.

Fazer uma acusação de acordo com a lei daqueles que você indiciou é um negócio perigoso. Por mais que você tente se lembrar dos seus próprios motivos, por mais que sinta que obteve sucesso, você está, em última análise, no mundo deles e, portanto, é obrigado a falar com eles por meio de seus símbolos e histórias. A necessidade é ainda maior quando você é um estranho para eles, ou até mesmo um adversário, porque suas alegações sempre serão vistas com mais ceticismo. Eu vivia em um mundo de editores e escritores brancos. Respeitava e admirava muitos deles profissionalmente, alguns dos quais considerava meus amigos. Isso era recíproco, e foram poucos os lugares em que senti que estavam tão abertos ao meu cultivo da escrita e imaginação quanto a *The Atlantic*. Creio que, naquele momento, me sentia grato até por ter a chance de publicar o que considerava uma proposta tão radical na capa de uma revista venerada e aclamada. Mas também sentia que tentava mostrar a verdade e a gravidade da dívida da supremacia branca para pessoas que não entendiam isso de forma intuitiva e que teriam grande dificuldade em imaginar essa dívida sendo paga. E então, para defender a causa, recorri à mesma história invocada por Yad Vashem — o círculo perfeito, do Holocausto ao Estado — e os esforços da Alemanha para quitar sua própria dívida inconcebível fazendo reparações ao Estado de Israel.

Naquela época, eu tinha uma vaga noção de Israel como um país que fazia algo muito injusto com o povo palestino, embora não soubesse exatamente o quê. E sabia que havia uma longa história de alianças entre os combatentes pela liberdade palestinos e os ativistas negros radicais a quem eu traçava minhas próprias raízes. Lembro-me de assistir ao *World News Tonight* com meu pai e, decorrente disso, ter uma sensação difusa de que os israelenses eram "brancos", e os palestinos, "negros", ou seja, que os primeiros eram os opressores, e os segundos, os oprimidos. E uma vez — quando eu sonhava em ser poeta —, meu pai me deu um livro da poeta palestino-americana Suheir Hammad, intitulado *Born Palestinian, Born Black* [Nascida palestina, nascida negra], combinação que parecia natural para mim, embora eu não soubesse, naquela época, articular por quê.

O que eu tinha era um instinto humano de que uma grande injustiça era imposta aos palestinos, o que provavelmente remontava ao ceticismo vindicacionista da América e ao que eu percebia como branquitude. Mas me tornei jornalista justamente no momento em que comecei a sentir tanto o vindicacionismo quanto a política do instinto como algo incompleto. Por isso, orgulhei-me de "O caso das reparações", porque ele se baseava no instinto, mas era uma síntese de fatos. Foi moldado no estilo dos escritores de revistas (em sua maioria brancos) que eu admirava. Repórteres corajosos e mestres em absorver diversas fontes de informação e transformá-las em uma narrativa coerente e sedutora. Vários deles escreviam sobre o "conflito israelo-palestino", e de seus textos extraí a sensação de que compreender esse "conflito" era uma questão de conhecimento, não de moralidade. Esse conhecimento me era tão estranho quanto a matemática computacional. A isso se somava minha dieta constante de reportagens diárias, programas de domingo e conversas soltas; todos validavam a aparente complexidade em torno do "conflito". Mas, mesmo em meio a essa complexidade, havia uma narrativa incontestável, pontuada por clichês que assumiam uma aura de verdade inquestionável: Israel era uma "democracia judaica", de fato "a única democracia no Oriente Médio", com "o direito de existir" e "o direito de se defender".

Eu havia direcionado grande parte da minha escrita contra esse tipo de clichês fáceis e ficções nacionais. E fui amplamente recompensado e reconhecido por esse trabalho. Mas o ano em que escrevi "O caso das reparações" foi o mesmo em que solicitei meu primeiro passaporte adulto. Meu trabalho era tão local quanto celebrado — e, de certa forma, ainda me via como um desistente da faculdade, com "Ta-Nehisi estava inquieto hoje" escrito em batom vermelho. Sentia a mão da sorte guiando minha vida, e agora, por um milagre, estava cercado por pessoas que de fato sabiam coisas sobre o mundo — jornalistas que cobriram guerras civis, que foram evacuados de zonas de guerra e sabiam usar palavras como "enternecido" e "sectário" da forma correta. Eu sentia minha grande ignorância sobre o mundo além das fronteiras dos Estados Unidos e, com isso, uma grande vergonha.

Mas carimbos de passaporte e vastos vocabulários não são sinônimos de sabedoria ou moralidade. Acontece que você pode ver o mundo e, ainda assim, não enxergar as pessoas nele. Impérios são fundados por viajantes, e a alegação de um conhecimento exclusivo do nativo é sua marca registrada. Sempre imaginei as reparações como uma rejeição ao saque em geral. E quem, na memória moderna, foi mais saqueado do que as vítimas do Holocausto? Mas meu modelo não era de reparações de um império genocida para com suas vítimas judias, mas de um império para com um Estado judeu. E o que meus jovens olhos viam agora naquele Estado era um mundo em que o separado e desigual ainda estava vivo e bem, em que o governo pelo voto para alguns e pela bala para outros era uma política. Eu buscava um mundo além do saque — mas minha prova de conceito era apenas mais saque.

No meio da minha viagem, juntei-me ao grupo de escritores para uma caminhada até o topo de uma colina nos arredores de Ramallah. O sol ardia acima enquanto espinhos nos atacavam por baixo. Mas, apesar dessa investida da natureza, senti alívio por estar além das paredes, restrições e dispositivos humanos. Nosso destino era Sakiya — um retiro ecológico onde um coletivo de palestinos estava reinventando sua relação com essa terra preciosa, que certas forças pareciam determinadas a arrancar de debaixo de seus pés. E ela era preciosa — duas das casas ali eram do período otomano e do mandato britânico, respectivamente, e havia um santuário que datava do século XII. Em 1937, o local foi comprado de uma família de agricultores por Daoud Zalatimo, o artista e educador palestino. Zalatimo levava sua família ali para passar três meses no verão e buscava inspiração nas vistas do lugar. Em uma de suas pinturas, seu jovem filho, Ibrahim, está sentado em um carro de brinquedo vermelho, olhando placidamente para a frente, com um jardim verdejante florescendo ao fundo. Contemplando essa obra, o historiador de arte John Halaka se perguntou: "Por que essa pintura despretensiosa me assombra como um fantasma?". Em 1948, enquanto os palestinos eram expulsos de suas terras, Zalatimo abrigou sua família em sua propriedade. E então, em 1967, Zalatimo também foi expulso pelas forças israelenses. Ele e sua família foram proibidos de voltar, exceto em visitas de um dia. Zalatimo morreu em 2001.

Nossa guia pela história e pela paisagem do local era Sahar Qawasmi, arquiteta e cofundadora da Sakiya, junto com seu parceiro, o cineasta Nida Sinnokrot. Sahar nasceu no Kuwait, mas sua família é da Palestina — Ramallah, Hebron, Jordânia. Durante a Segunda Intifada, enquanto os palestinos lutavam contra a ocupação israelense e cidades como Hebron se transformavam em zonas de combate, as Forças de Defesa de Israel expandiram sua rede de postos de controle e impuseram um toque de recolher. Sentindo-se presa, Sahar, então estudante da Universidade de Birzeit, próxima dali, começou a explorar as colinas ao redor de Ramallah com amigos. Em uma dessas caminhadas, Sahar encontrou a propriedade Zalatimo, que não era habitada desde 1967, embora ainda estivesse na família. Havia lixo por toda parte. Vândalos haviam destruído o local em busca de objetos de valor. A natureza havia tomado conta, com árvores crescendo através do piso. Mesmo assim, havia "uma magia" no lugar, Sahar me contou mais tarde. Talvez fosse a casa construída sobre a colina com vista para um vale. Talvez fosse o fato de que o local não podia ser alcançado de carro, e cada jornada até lá tinha ares de peregrinação. Talvez fosse a própria antiguidade do local — evidências arqueológicas remontavam aos cruzados, aos romanos e aos cananeus. Ou talvez fosse a água, uma nascente natural ainda em sua forma tradicional. Independentemente do que fosse, aquilo instigou em Sahar um sentimento de "santidade". Ela e Nida fundaram Sakiya em 2016 e, desde então, tentam preservar essa santidade.

O esforço era constante. Paramos no meio da subida da colina e observamos um medronheiro-grego, com seus grandes galhos avermelhados se espalhando como a cabeça de uma hidra. Era uma árvore magnífica, e por um momento nos limitamos a contemplar aquela beleza. Então Sahar chamou nossa atenção para os glifos esculpidos no tronco: o cartão de visitas de uma milícia israelense local. Sahar explicou que esses milicianos aparecem quando sentem vontade, vandalizando a terra que acreditam ser sua pátria, dada a eles por Deus. Certa noite, Sahar e Nida foram acordados por barulhos. Pensaram que poderia ser um grupo de crianças, mas os sons ficaram mais altos, e quando saíram de casa, viram que estavam cercados por cerca de vinte colonos. Os colonos fugiram quando viram Nida, mas já haviam feito o estrago — ferramentas foram roubadas, um forno foi destruído, peixes foram mortos. Mais tarde, quando perguntei a Sahar como ela e Nida conviviam com essa constante ameaça à propriedade e à segurança, ela disse:

É uma vida precária. Ao mesmo tempo, há uma forte vontade de ficar e continuar trabalhando. Existem comunidades cujas vilas são destruídas oitenta vezes, e elas voltam. Isso se torna parte de como você vive. É uma forma de sobrevivência. É assim que se vive na terra. Continuaremos voltando, construindo as coisas que eles continuam destruindo.

Continuamos caminhando até completar nossa própria peregrinação e alcançar o topo da colina. O céu estava bem limpo, com nuvens esparsas flutuando. Um rebanho de cabras passou por nós devagar, e vimos um trabalhador concentrado em uma cabra deitada no chão. Ela estava em trabalho de parto. O grupo de escritores se reuniu ao redor da cabra, mantendo uma distância respeitosa, e assistiu àquilo maravilhado enquanto o trabalhador ajudava a trazer ao mundo dois cabritinhos cobertos pelo líquido amarelado do nascimento. Ainda meio surpresos, entramos em um dos prédios, onde me afastei do grupo e saí para explorar sozinho. Acabei em um quarto onde, segundo me disseram, artistas às vezes são convidados a fazer uma residência. Sentei-me em um sofá-cama e, por dez minutos, conduzi minha própria residência. Do lado de fora, ouvi as cabras balindo e meus companheiros conversando.

Lembrei-me da nossa visita a Lida, uma cidade dentro das fronteiras israelenses na qual, em 1948, as recém-formadas Forças de Defesa de Israel massacraram um grupo de palestinos, entre outras formas, jogando granadas dentro de uma mesquita. Nosso guia ali, Umar al-Ghubari, estava preocupado com a história do massacre e também interessado no fato de que essa narrativa contrariava o nobre mito de criação de Israel. A importância dessa contranarrativa do vindicacionismo palestino se tornou clara quando chegamos ao local do massacre. Estávamos em uma ilha de trânsito em frente à mesquita, e nosso guia narrava os eventos, citando as palavras dos próprios soldados israelenses. Olhei para o lado e vi um homem israelense, de óculos escuros, observando à distância nosso pequeno grupo. Eu sabia que ele era israelense apenas pela maneira como encarava nosso guia enquanto ele recitava a história do local. No começo, tive a mesma reação de semichoque que tenho em casa quando vejo os poderosos reagirem com violência a palavras. Parecia absurdo. Umar não tinha armas ou facas. Estava em terras sob controle firme de Israel. Mesmo assim, Umar representava uma ameaça — a ameaça do contador de histórias que, por meio da palavra, pode corroer as alegações dos poderosos.

"Todos os impérios que já existiram, em seus discursos oficiais, afirmaram não ser como os outros", escreve Edward Said.

> Explicaram que suas circunstâncias são especiais, que existem com a missão de educar, civilizar, e instaurar a ordem e a democracia, e que só em último caso recorrem à força. Além disso, o que é mais triste, sempre aparece um coro de intelectuais de boa vontade para dizer palavras pacificadoras acerca de impérios benignos ou altruístas, como se não devêssemos confiar na evidência de nossos próprios olhos ao observar a destruição, a miséria e a morte trazidas pela mais recente *mission civilisatrice*.*

Dias depois da publicação de "O caso das reparações", comecei a me dar conta do erro. Mas levou anos para que a profundi-

---

* Edward W. Said, *Orientalismo: O oriente como invenção do Ocidente*. Trad. de Rosaura Eichenberg. São Paulo: Companhia das Letras, 2007. (N. E.)

dade desse erro, e assim minha própria dívida, se agravasse. Senti isso com intensidade no topo daquela colina, e o erro era muito mais profundo do que apenas escolher o modelo errado. Meu argumento a favor das reparações se ancorava sobre uma cadeia de casos que remontam a James Forman, Queen Mother Moore e Callie House, até Belinda Royall, nos primórdios dos Estados Unidos. Nesse sentido, o argumento nem era meu; era ancestral. E seu alvo era uma das invenções mais malignas do mundo — a escravidão racializada e tudo o que dela decorreu. Os ancestrais são importantes para mim, eles vivem não como fantasmas, mas através das palavras. Muitas vezes, antes de me sentar para escrever, releio essas palavras — narrativas de escravizados, cartas de libertos, memórias ou poemas. Leio essas palavras em voz alta, como uma espécie de encantamento: "Querido Dangerfield, você não pode imaginar o quanto quero vê-lo. Venha assim que puder...". "Eu tinha um medo constante de que a sra. Moore, sua senhora, ficasse sem dinheiro e vendesse minha querida esposa." "Eu preferia que você se casasse com algum bom homem, porque cada vez que recebo uma carta sua, isso me despedaça..." E sinto uma parte do que eles sentiram, uma parte de seu amor, raiva, esperança, desespero, e essa parte é o poder que tento transmitir na minha própria escrita. Não estou sozinho. Faço parte de uma tradição.

Durante toda aquela semana, ouvi palestinos invocando essa tradição, invocando James Baldwin, Amiri Baraka ou Angela Davis, explicando como esses escritores e ativistas revelaram algo de sua própria luta para eles. E a cada noite, os convidados do festival se reuniam para uma leitura ou palestra com escritores e intelectuais palestinos locais. Uma noite, sentei na plateia e fiquei chocado ao ver uma escritora palestina chamada Bekriah Mawasi citar um dos meus livros em um painel. Naquele momento, senti o calor da solidariedade, de "povos conquistados", como disse um dos meus camaradas, se encontrando através do abismo dos oceanos e das experiências. Mas, por mais caloroso que isso fosse, eu também sabia que, ao nos encontrarmos nesse abismo, um de nós havia se estendido mais do que o outro. Sou um escritor e portador de uma tradição, um escritor e um guardião. E o que senti sentado lá no topo daquela colina, em residência comigo mesmo, foi que, se minha escrita havia alçado voo, minha responsabilidade como guardião falhara.

Na manhã seguinte, deixei o festival e segui de Ramallah para Jerusalém. Tive de esperar cerca de uma hora por um táxi com a cor de placa certa, a amarela, que me permitiria atravessar um posto de controle no muro de Israel e seguir pela estrada para Jerusalém do outro lado. Joguei um pouco de conversa fora com o motorista, mas logo voltei aos meus pensamentos sobre a jornada até ali. Era meu sexto dia na Palestina, mas parecia que já estava ali havia meses. Os dias eram cheios de passeios, as noites, de debates — até as refeições pareciam seminários. Parte disso se dava simplesmente por estar em um lugar tão distante de casa. Mas grande parte vinha da especificidade desse lugar — do quanto ele parecia incorporar o Ocidente e suas contradições, suas promessas de democracia e suas bases na exploração. De todos os lugares que já explorei, acho que nenhum brilhou tão forte, com tanta intensidade, tão de imediato quanto a Palestina.

Mas, quando a luz se dissipou, eu tinha um novo olhar e conseguia ver minhas próprias palavras de outra forma, e as palavras das quais elas derivavam — histórias, colunas, discursos e palestras apresentados por "intelectuais dispostos". Tantas coisas me pareciam óbvias. Agora eu notava uma simetria nos clichês — os que diziam que Israel era a única democracia no Oriente Médio eram os mesmos que tendiam a afirmar que os Estados Unidos eram a democracia mais antiga do mundo. E ambas as afirmações dependiam de excluir grandes parcelas da população vivendo sob o domínio do Estado. Enquanto eu seguia naquele táxi em direção a Jerusalém, essa verdade me soava incontestável. Passei a maior parte do meu tempo nos Territórios Ocupados, um mundo de domínio de uma minoria. Mas, mesmo dentro do próprio Estado, a desigualdade imperava. Palestinos vivendo em Israel têm vidas mais curtas, são mais pobres e moram em bairros mais violentos. Certas comunidades em Israel podem discriminar legalmente cidadãos palestinos ao definir "comitês de admissão". Esses comitês, que operam em 41% dos municípios israelenses, têm liberdade para barrar qualquer um que não tenha "adequação social" ou "compatibilidade com o tecido social e cultural". Apelos abertamente racistas são comuns, como quando Benjamin Netanyahu alertou em 2015 que "o governo de direita está em perigo. Eleitores árabes estão indo às urnas em massa". Por mais que eu falasse em ser enganado pela linguagem da "democracia judaica", essas verdades sempre estiveram ali. A frase significa exatamente o que diz — uma democracia para o povo judeu e apenas para o povo judeu.

Se a linguagem que ouvi durante toda minha vida profissional estava errada e era até mesmo enganosa, então qual seria a linguagem para descrever o projeto que eu via agora? É verdade que "Jim Crow" era a primeira coisa que me vinha à mente, mesmo que apenas por ser uma expressão que denota injustiça, uma classificação de seres humanos, a concessão e a retirada de direitos de uma população. Com toda a certeza, isso era parte do que eu vi em Hebron, em Jerusalém, em Lida.

Mas não era apenas o significado literal de "Jim Crow", era também a sensação associada. Quando digo as palavras "Jim

Crow", um caixão se abre diante de mim, dentro do qual há um menino espancado até perder sua humanidade. Digo "Jim Crow" e vejo a bandeira da escravidão tremulando acima de um capitólio estadual. Digo "Jim Crow" e vejo homens em uma varanda do Lorraine Motel apontando para o atirador. Digo "Jim Crow" e Detroit Red se vira para mim e pergunta: "Quem te ensinou a odiar?". Digo "Jim Crow" e ouço "taxa de votação", "mapeamento discriminatório", "cláusula do avô", "somente para brancos", e cada uma dessas frases traz mais imagens. Mas "Jim Crow" era a linguagem da analogia, da tradução, e não a coisa em si. Acima de tudo, minha missão na Palestina era criar novas raízes, descrever esse novo mundo, não como um satélite do meu velho mundo, mas como um mundo por si só.

Fiquei em Jerusalém somente o tempo necessário para fazer o check-in no meu hotel. Permiti-me um quarto muito confortável — com lençóis macios e uma banheira. Eu pagaria por essa autoindulgência. Mas não ainda. Eu tinha mais cinco dias de viagem, e enquanto nos primeiros cinco dias meus companheiros também vinham tendo suas próprias revelações, agora eu estava sozinho. Parte de mim faria o que fosse para voltar para casa. Eu conhecia bem essa parte — a que sempre reclamava das dificuldades do jornalismo, do constrangimento de fazer perguntas íntimas a estranhos, da disciplina de ouvir com atenção. A voz só estava na minha cabeça — mas era mais alta na Palestina. Os dias eram mais longos, e as revelações, mais intensas. Lembro-me de subir uma rua íngreme em Hebron e chegar a uma grande cerca de metal com um portão giratório. No topo do portão, havia um dispositivo do tamanho de uma caixa de sapatos com um tubo saindo dele. Parecia uma câmera. Na verdade, era uma torre projetada para travar e imobilizar um alvo usando munições "não letais" disparadas por controle remoto. O nome do dispositivo, "Smart Shooter" [atirador inteligente], estava escrito na lateral. Aquilo era a vanguarda da opressão, os primeiros passos para o domínio imperial automatizado — e eu não tinha motivo para acreditar que esses esforços pioneiros ficariam restritos à Palestina. E, com isso, eu me desesperei.

Foram dez dias de viagem, dez dias nessa Terra Santa de arame farpado, colonos e armas nefastas. E todos os dias em que estive lá, tive um momento de profundo desespero. Eu queria, de verdade, desviar o olhar, voltar para casa e murmurar algumas palavras sobre o que eu havia visto em particular. E talvez se eu fosse deixado sozinho, talvez se eu fosse leal apenas a mim mesmo, teria feito isso. Mas sou um escritor, um portador. Sou um escritor e um guardião. Não estou sozinho e não falo apenas dos ancestrais, mas das pessoas que conheci todos os dias, vivendo à sombra do governo israelense.

Eu não tinha terminado. Desci pelo elevador até o saguão, onde encontrei Avner Gvaryahu, que lidera o Breaking the Silence, um grupo de ex-soldados das Forças de Defesa de Israel que agora se opõem à ocupação. Saímos, e um caminhão velho estava parado na frente do hotel. O motorista, Guy Batavia, usava um boné de beisebol e óculos grossos. Trocamos cumprimentos, então entrei no caminhão e partimos.

Meus anfitriões eram ambos israelenses — como quase todos os meus guias seriam na segunda metade da minha viagem. Essa foi uma decisão consciente. Sem dúvida nenhuma, não era uma declaração superficial de "ouvir os dois lados". Eu não tinha interesse em defender a ocupação e o que então me parecia segregação. Jornalistas alegam ouvir "os dois lados" como se uma oposição binária tivesse sido estabelecida por algum deus imparcial. Mas são os próprios jornalistas que fazem o papel de deuses — são eles que decidem quais lados são legítimos e quais não são, quais pontos de vista devem ser considerados e quais devem ser excluídos do quadro. Esse poder é uma extensão do poder de outros curadores da cultura — executivos de redes, produtores, editores — cujo trabalho central é decidir quais histórias serão contadas e quais não. Quando você é apagado do debate e limado da narrativa, você não existe. Assim, o complexo de curadores faz mais do que definir datas de lançamento e aprovar projetos — eles estabelecem e monitoram um critério para a humanidade. Sem esse critério, não pode haver poder opressivo, porque o primeiro dever do racismo, do sexismo, da homofobia e assim por diante é definir quem é humano e quem não é. Mas há um espaço além dos parênteses. Para mim, é um mundo de *Emerge* e "Evening Exchange", de barbearias e jornais de Baltimore, uma terra onde *O último dragão* é um clássico adolescente, e o Lake Trout, um patrimônio. O que eu sempre quis foi expandir a moldura da humanidade, mudar os limites das imagens e das ideias. Então, ao refletir sobre minha viagem, ao estabelecer meus pontos de vista, meu quadro excluiu qualquer defesa do que é evidentemente imoral. Eu preferiria ouvir uma defesa do canibalismo a qualquer argumento a favor do que vi com meus próprios olhos em Hebron.

Saímos do hotel e seguimos até a Rodovia 60, o "Caminho dos Patriarcas", uma antiga rota que, dizem, foi percorrida pelos profetas bíblicos até o sul, em direção a Hebron. Durante boa parte desse trecho, Guy ficou em silêncio enquanto Avner descrevia seu tempo nas Forças de Defesa de Israel, garantindo a ocupação. Hoje, ouço essa palavra — *ocupação* — da mesma forma como ouviria um homem de meia-idade falando sobre um "procedimento médico" quando, na verdade, quer dizer "colonoscopia". A ameaça constante de violência, as histórias que eu ouvi, já não pareciam compatíveis com algo tão clínico quanto "ocupação". Mas Avner não era adepto de eufemismos, e mais do que falar sobre "ocupação", ele descrevia suas ferramentas — prisões, postos de controle, dossiês de inteligência, invasões domiciliares.

Ele disse,

Todas as casas nos Territórios Ocupados têm um número. Esse número dá a você informações básicas sobre as pessoas dentro da casa. Se as pessoas da casa estão, de alguma forma, envolvidas em qualquer resistência, se alguém da família já foi preso, se alguém foi parar na lista negra, essa é uma casa *a não ser invadida*, porque aí você coloca suas tropas em risco. Então você entra nas casas de pessoas que, você sabe de antemão, são inocentes. Agora, nunca chamamos os palestinos de "inocentes". Eles eram sempre "envolvidos" ou "não envolvidos", porque ninguém é "inocente".

Você entra na casa dessa família e basicamente a usa como base militar. É elevada, é protegida, mas também serve como um tipo de olho no céu para os soldados no solo. Não há privacidade. Obviamente, não há mandado. Você não precisa pedir permissão. Não precisa ligar antes. Não manda um e-mail. É só entrar e, na maior parte dos casos, algemar e vendar o chefe da família. Se há um adolescente que o encara de um jeito que você não gosta ou um tio que parece grande o suficiente para ser uma ameaça, você faz o mesmo [...]. Você desconecta os telefones e fecha as cortinas para que eles não possam avisar ninguém de que você está lá, e eles ficam sentados, apavorados, de cabeça baixa.

Isso me pareceu algo saído de um filme de terror — uma família mantida refém não por um resgate, mas como demonstração do tipo de domínio essencial ao governo israelense. Quando a solução de dois Estados parecia possível, a ideia era de que Gaza, Jerusalém Oriental e a Cisjordânia fossem a base territorial de um Estado palestino. Então, a Cisjordânia foi dividida em três zonas — Área A, em que os palestinos administravam as autoridades civis e aplicavam a lei; Área B, que seria governada em conjunto; e Área C, que permaneceria sob controle israelense. Tudo isso soa civilizado o bastante, mas essa ideia não sobrevive ao contato com um mapa. A Área A abriga a maior parte da população da Cisjordânia, mas toda a zona é, na prática, um arquipélago, cheio de vilarejos densamente povoados e centros urbanos, mais parecendo um teste de manchas de tinta do que a base de um Estado. A Área B é minúscula e contorna as periferias das cidades. A Área C, na qual o poder israelense é completo, constitui o único território contínuo e a maior parte da terra, incluindo o vale do Jordão, rico em minerais. Essas distinções são mais como sombreados do que linhas claras. A verdade é que a Cisjordânia está ocupada, o que significa que Israel exerce sua vontade onde bem entender.

As ferramentas de controle são diversas — drones e torres de observação vigiam de cima; montes de terra e trincheiras bloqueiam as estradas abaixo. Portões cercam. Postos de controle inspecionam. Nada é previsível. Uma estrada que ontem estava livre agora é subitamente obstruída por um "posto de controle móvel", um portão improvisado e uma tropa de soldados exigindo permissões e documentos. Mas a aleatoriedade é intencional. A ideia é fazer com que os palestinos sintam a mão da ocupação o tempo todo — em Israel, em Jerusalém Oriental, na Área A, B ou C. "Não é só 'nós estamos aqui e vocês estão lá'", disse-me Avner, descrevendo a relação entre as Forças de Defesa de Israel e os palestinos em cada jurisdição. "É 'nós estamos aqui e também estamos lá'."

Assim, um povo é separado de si mesmo, e os antigos laços comunitários são corroídos. O primo que antes morava logo ali no fim da rua agora está do outro lado do muro. O que antes, na memória viva, era uma longa caminhada para cortejar uma futura esposa em outro vilarejo havia se transformado em um impossível percurso de obstáculos. E isso se constrói sobre a separação que começou em 1948 — o isolamento dos palestinos dentro de Israel em relação aos de Jerusalém Oriental, e o dos de Jerusalém Oriental em relação aos da Cisjordânia, e o dos da Cisjordânia em relação aos de Gaza, e o dos de Gaza em relação ao mundo. Ele disse:

Me lembro de uma missão da qual participei: entrar, dominar tudo, todo o procedimento. Estávamos na janela fazendo o que devíamos, olhando pela janela. Então um dos meus soldados, eu era sargento, um dos meus soldados meio que me chamou e disse: "Ei, ei. Venha rápido, preciso da sua ajuda".

Cheguei lá e a situação era a de um pai, de pé com a filha em sua própria casa, tentando levá-la ao banheiro. E meu soldado estava lá, com a arma apontada para o rosto do pai, e a filha ali entre as pernas dele, apavorada. Quando cheguei, ela já tinha feito xixi nas calças.

Esse foi um daqueles momentos em que pensei: "Que porra estamos fazendo? Pra quem é isso?".

Escrever todas essas coisas agora dá a ilusão de que eu entendia como as peças desse conhecimento se conectavam — as histórias de Avner, as linhas bizantinas da ocupação, os clichês, os artigos. Mas elas se uniram em momentos. Às vezes, eu passava por um posto de controle, olhava para fora e, para meu espanto, via um soldado jovem com seu rifle apontado para a estrada, ou seja, para mim. Assim que via isso, eu buscava uma boa razão, uma justificativa, mas eventualmente comecei a perceber que ela não existia. Mesmo enquanto ouvia Avner falar, mesmo enquanto avançávamos com facilidade e livres por estradas que os palestinos na Cisjordânia não podem usar, uma parte de mim ainda procurava. Eu fazia isso porque o peso do mal é muito grande. Eu fazia isso porque, se o pior fosse verdade, se eu fosse obrigado a encará-lo de frente, eu sabia o que deveria fazer depois. Eu fazia isso porque "uma boa razão" é também uma via de escape. A fraqueza em mim sempre fala. Mas meus ancestrais também.

Saímos da Rota 60 e entramos no assentamento israelense de Kiryat Arba. Um guarda que parecia ser do Leste Asiático nos deteve por um momento no posto de controle. Avner entregou sua identidade, e eles conversaram em hebraico; então o guarda nos liberou. Guy estacionou o caminhão, e eu acompanhei Avner parque Kahane adentro — um pequeno jardim nomeado em homenagem a Meir Kahane, o supremacista judeu que, como líder do movimento kahanista (e membro do Knesset), promovia a anexação permanente da Cisjordânia e de Gaza, e a submissão dos palestinos. O partido político de Kahane foi banido pelo governo em 1985, e ele foi assassinado em Nova York em 1990, mas seu discípulo Baruch Goldstein assumiu seu legado. Quatro anos depois da morte de Kahane, Goldstein entrou na Mesquita de Ibrahim, em Hebron, e atirou contra 29 muçulmanos enquanto rezavam. No parque, paramos para olhar um pequeno memorial cilíndrico para Kahane e depois caminhamos mais alguns passos até chegar a uma grande laje de pedra elevada, um pouco acima do chão. Era o túmulo de Baruch Goldstein, sobre o qual havia cerca de vinte pequenas pedras. Avner explicou que esse túmulo é uma espécie de santuário, visitado com regularidade por aqueles que veem Goldstein como um mártir. Kahane e Goldstein eram oficialmente párias — Kahane foi morto em Manhattan, e o massacre de Goldstein foi condenado pelo governo israelense. Mas, independentemente do que se pense sobre as condenações oficiais de Kahane e Goldstein, eu estava em pé em um parque que levava o nome de Kahane, onde ele e seu seguidor assassino em massa eram homenageados, um parque situado em um assentamento sancionado e subsidiado pelo Estado que afirma condená-lo.

O ataque de Goldstein foi interrompido pelos próprios fiéis palestinos, que se levantaram, o desarmaram e o espancaram até a morte. Depois dos protestos nas ruas que explodiram na cidade, Israel segregou as ruas de Hebron e impôs toque de recolher aos seus moradores palestinos. Até hoje, o legado dessa repressão perdura. Andando pelas ruas de Hebron, como eu fiz, vendo as lojas fechadas e os soldados patrulhando as ruas, era difícil evitar a sensação de que Goldstein vencera. E essa sensação persistia para mim em toda a Cisjordânia, onde o ritmo de colonização e assentamento havia aumentado, não diminuído, desde o massacre de 1994. Em 1993, quando os Acordos de Paz de Oslo foram assinados, a população de colonos era de 111 mil. Hoje é de meio milhão.

Goldstein e a reação subsequente de Israel à agitação palestina em Hebron são manifestações de uma realidade incômoda: essa suposta "democracia judaica" é, como seu patrono americano, um poder expansionista. O sionismo exige, como Levi Eshkol, primeiro-ministro de Israel durante os anos 1960, disse certa vez, "o dote, não a noiva" — ou seja, a terra, livre dos palestinos. E todo poder expansionista precisa de uma boa história para justificar seu saque.

Quaisquer que fossem as conexões que se formavam na minha mente entre a opressão israelense e a segregação americana, a versão israelense não se justificava com a linguagem de Jim

Crow, mas com o dialeto do expansionismo liberal — com suas descrições de nativos bárbaros e promessas de grandes melhorias trazidas aos selvagens por seus superiores. O pai do sionismo, Theodor Herzl, primeiro considerou a Argentina, acreditando que seria do "maior interesse" daquele país "pouco povoado" "nos ceder uma parte do seu território". Quando Herzl se voltou para a Palestina, ele via os palestinos, como afirma o historiador Benny Morris, como pouco mais do que "parte da paisagem". A paisagem era selvagem: "Devemos integrar um bastião da Europa contra a Ásia", escreveu Herzl em seu manifesto de 1896, *O Estado judeu*. "Um posto avançado da civilização contra a barbárie."

Um ano antes, Herzl afirmou, em uma anotação no diário, que o sionismo acabaria beneficiando aqueles cujas terras ele buscava ocupar; além disso, "é claro" que aqueles que levantassem a bandeira da civilização ainda "tolerariam respeitosamente pessoas de outras religiões e protegeriam sua propriedade, sua honra e sua liberdade". Tais proteções estabeleceriam "para o mundo inteiro um exemplo maravilhoso". Mas esse espírito benevolente era minado pelas instruções que Herzl deu nessa mesma entrada:

Devemos expropriar gentilmente a propriedade privada nas áreas designadas para nós. Tentaremos encorajar a população sem recursos a atravessar a fronteira, oferecendo empregos nos países de trânsito, enquanto lhe negamos qualquer trabalho em nosso próprio país. *Os proprietários de terras ficarão do nosso lado.* Tanto o processo de expropriação quanto a remoção dos pobres devem ser conduzidos com discrição e cuidado.

Os escritos de Herzl se encaixam bem no "discurso oficial" do império, descrito por Said, no qual a expropriação e o banimento são apresentados como uma forma de altruísmo e tolerância. Herzl morreu em 1904, mas, a essa altura, o que ele chamava de "um sonho gigantesco" já havia assumido vida própria. E alguns de seus seguidores mais influentes achavam melhor abandonar o vocabulário da conquista liberal e falar com franqueza. Em seu ensaio "A muralha de ferro", de 1923, o teórico sionista Ze'ev Jabotinsky escreveu que o "colono judeu" que imaginava que "a raça árabe" consentiria "voluntariamente com a realização do sionismo" estava demonstrando um desprezo condescendente. Era melhor dar nome às coisas de forma direta:

> Meus leitores têm uma ideia geral da história da colonização em outros países. Sugiro que considerem todos os precedentes com os quais estão familiarizados e vejam se há um único exemplo de colonização que tenha ocorrido com o consentimento da população nativa.

Vale a pena refletir sobre a invocação de Jabotinsky à "colonização". Os sionistas modernos reagem com horror a qualquer associação entre sua ideologia e o colonialismo. Reivindicam "a Terra de Israel" como seu lar ancestral e, a partir daí, afirmam que nenhum povo pode colonizar sua própria casa.

Essa formulação demonstra, no mínimo, uma ignorância profunda sobre a história do Estado patrono de Israel. Em 1816, um grupo de elites brancas decidiu que, no caso dos negros, a limpeza étnica seria preferível à escravidão. A Sociedade Americana de Colonização (ACS, na sigla em inglês) foi formada com o objetivo explícito de enviar o maior número possível de negros de volta para a África. A ACS ganhou algum apoio nas comunidades negras, aterrorizadas por brancos racistas, assim como os judeus da Europa eram aterrorizados pelos antissemitas. E da mesma forma como os sionistas judeus se viam trazendo a "civilização" para a Palestina, os colonizadores negros americanos na África acreditavam que fariam o mesmo. Assim nasceu a Libéria — atormentada, por muito tempo, pelo seu passado colonial.

Quanto a um sionismo "anticolonial", se algo assim pudesse ser dito, seria um choque para os fundadores da ideologia. "A terra dos nossos pais nos espera; vamos colonizá-la", escreveu Eliezer Ben-Yehuda, linguista e pai do hebraico moderno, em 1880. "E, ao nos tornarmos seus mestres, seremos novamente um povo como todos os outros." Esse domínio sobre a terra significava controle econômico. O sionista Ber Borochov incentivava os judeus a assumirem "a posição de liderança na economia da nova terra" em 1906, e dessa forma "a imigração judaica pode ser desviada para a colonização do país subdesenvolvido". Domínio também significava violência. Enquanto muitos sionistas falavam de um acordo pacífico entre seus objetivos e os dos palestinos, Jabotinsky nunca se permitiu o luxo de tal eufemismo: "Não há tal precedente [...]. As populações nativas, civilizadas ou não, sempre resistiram aos colonos com obstinação, independentemente de serem civilizadas ou selvagens".

Mas "a população nativa" *era* selvagem, e Jabotinsky via uma diferença clara entre o colono judeu e os árabes a serem colonizados. "Culturalmente, eles estão quinhentos anos atrás de nós", escreveu Jabotinsky. "Eles não têm nossa resistência nem nossa determinação." Os primeiros sionistas poderiam considerar a terra da Palestina como seu lar ancestral, mas nunca se viam como "nativos". Nativos, no discurso colonial, eram selvagens sem capacidade de melhorar a terra e, portanto, sem direito a ela. Em 1943, quando grupos terroristas sionistas lideraram uma insurgência contra o domínio britânico, seu comandante e futuro primeiro-ministro de Israel, Menachem Begin, soube que um de seus soldados fora açoitado pelos britânicos. "Judeus não são zulus", escreveu Begin. "Vocês não vão chicotear judeus na terra natal deles."

A separação feita por Begin — diferenciando os redentores judeus dos nativos incivilizados — foi reforçada pelo Ocidente. Em 1946, uma aliança britânica e americana enviou um "Comitê Anglo-Americano de Inquérito" para decidir sobre o destino da Palestina Mandatária, assim como seus 600 mil judeus e 1,1 milhão de não judeus. Em Jaffa, os delegados escreveram sobre uma "aldeia árabe superpovoada" cheia de "miséria e uma população doente e marcada pelas dificuldades da vida". Mas, na Tel Aviv judaica, se maravilharam com a "comunidade totalmente civilizada" com seus "bulevares arborizados, ópera e teatros, playgrounds e escolas modernas, ônibus e prédios de apartamentos". O sionismo libertaria a raça árabe "do véu, do fez, da doença, da sujeira, da falta de educação".

Essa narrativa de uma Palestina bárbara, assolada por sujeira e caos, em contraste com um supostamente limpo e ordenado Ocidente, nunca desapareceu. Em 2013, o jornalista israelense Ari Shavit publicou *Minha terra prometida*, uma apologia best-seller ao sionismo, na qual ele traça a viagem de seu bisavô em 1897 para a Palestina Mandatária. Na visão de Shavit, seu antepassado chega ao "caos da Jaffa árabe". Essa é uma cidade de miséria — de "carcaças de animais penduradas, o cheiro de peixe, os vegetais apodrecendo" e "os olhos infeccionados das mulheres da vila", onde o antepassado de Shavit é forçado a lidar com "a correria, o barulho, a sujeira". Jaffa não é única. Em Jerusalém, esse antepassado depara com "a miséria do Oriente: vielas escuras e tortuosas, mercados imundos, massas famintas".

Esse é um relato impressionante, ainda que apenas porque o antepassado de Shavit vinha de Londres — uma cidade tão notoriamente suja que foi apelidada de "A Grande Fumaça".

Em seu livro *Dirty Old London* [Londres velha e suja], Lee Jackson descreve a cidade:

> As vias principais estavam cobertas por uma lama negra, composta, sobretudo, de esterco de cavalo, formando uma pasta pegajosa e viscosa; o ar estava cheio de fuligem, com flocos de sujeira caindo no chão "em escuras chuvas plutônicas". O cheiro característico da cidade não era menos desagradável. As neblinas de inverno traziam um fedor sulfuroso. Já nos meses de verão, surgia um coquetel ainda mais desagradável, "aquele odor misturado de frutas e vegetais estragados, ovos podres, tabaco ruim, cerveja derramada, graxa de carroça, fuligem seca, fumaça, poeira triturada das ruas e palha úmida". Londres era o coração do maior império já conhecido, um centro financeiro e mercantil para o mundo, mas também era infamemente suja.

Jackson entendia os problemas sanitários de Londres de forma estrutural — de 1801 a 1901, a população da cidade cresceu de 1 milhão para 6 milhões de habitantes. Mas a narrativa de Shavit sobre os problemas de saneamento de Jaffa se refere *ao povo em si*.

Os delegados do Comitê Anglo-Americano entendiam o sionismo como "o inevitável declínio de um povo atrasado diante de outro mais moderno e prático". Contudo, não bastasse, viam nisso um episódio formador de sua própria história — a "conquista dos índios". Sionistas e seus aliados concordavam. Jabotinsky acreditava que a raça árabe possuía "o mesmo amor instintivo e ciumento pela Palestina, como os antigos astecas sentiam pelo México antigo, e os Sioux, por suas pradarias ondulantes". Criticando o domínio britânico na Palestina Mandatária, o progressista Henry Wallace escreveu que os britânicos estavam "incitando os árabes", assim como "incitaram os iroqueses a lutarem contra os colonos [americanos]".

A ideia de que um sionismo colonialista só existe nas alucinações de professores de esquerda e nos cânticos de seus alunos desviados ignora uma fonte crucial — as próprias palavras dos sionistas. Mas Herzl, Jabotinsky e Ben-Yehuda pertenciam a uma época em que ainda era possível ao Ocidente propagar uma imagem idealizada de um colonialismo nobre. Agora já não é mais assim. Falamos "colonialismo", e um coronel americano responde: "Vim para matar índios... Matar e escalpelar todos, grandes e pequenos; lêndeas produzem piolhos". Falamos "colonialismo" e Cecil Rhodes atravessa um continente inteiro. Falamos "colonialismo" e um interrogador francês conecta eletrodos nas partes íntimas de um argelino. Falamos "colonialismo" e os colonos de Kiryat Arba surgem diante de nós, agradecendo e celebrando um massacre.

E havia tão pouca vergonha nisso tudo. Há alguns anos, fiz uma excursão por locais da Guerra Civil no Tennessee. Visitei Fort Pillow, onde Nathan Bedford Forrest, fundador da Ku Klux Klan, massacrou uma unidade de soldados negros. Assisti aos encenadores confederados em seus trajes. Ouvi as palestras dos Filhos dos Veteranos Confederados. Era tudo propaganda, e eu sabia disso. Mas ainda não tinha aprendido a lição que levei comigo para a Palestina. Ainda não compreendia minha própria autonomia, que eu tinha o direito de definir meus limites, como faria na Palestina, e deixar de lado as falácias — não importa o quão educadamente formuladas ou bem articuladas elas fossem. E então, uma noite, depois de um dia longo, fui jantar e vi um grupo ostentando a bandeira de batalha confederada. Não sei o que me deu. Não sei por que foi naquele momento. Mas entendi que aquilo não era uma questão de história pública, mas de crença profunda. Retirei-me em silêncio e fui para meu quarto. Ainda assim, lembro-me de não querer causar uma cena ou de forma alguma incomodar meus anfitriões. Mas, na manhã seguinte, eles se desculparam inúmeras vezes. Eles sabiam.

Quando penso nessa viagem, o que vejo agora são diferentes graus de vergonha, consciente e inconsciente. Em Fort Pillow, havia um filme interpretativo que, ao mesmo tempo, buscava celebrar Forrest e os soldados negros que ele massacrou. Os Filhos dos Veteranos Confederados falavam sobre um velho cemitério de escravizados que estavam restaurando. Os encenadores falavam vagamente sobre a causa pela qual lutaram. E depois daquela exibição da bandeira confederada, o que meus anfitriões mais pareciam temer tinha menos relação com a bandeira da escravidão do que com o senso de que eles, como brancos sulistas, haviam se apresentado exatamente da forma como os "ianques" esperavam — ignorantes, grosseiros ou mal-educados.

Eles não precisavam se preocupar. Eu já conhecia racistas "ianques" demais e tolos bem-educados. E achei bom ver como se comportariam sem mim, o conforto que mostraram com uma bandeira que, apenas alguns anos depois, seria reivindicada por Dylann Roof. Às vezes, você é abençoado com um momento em que toda a dissimulação, toda a vergonha, toda a polidez são desmascaradas, e o mal fala com clareza. Às vezes, isso acontece em um parque nomeado em homenagem a um traficante de escravos do século XIX. E às vezes, em um assentamento que homenageia um defensor desse mesmo sistema do século XX. Em ambos os casos, a clareza é um presente, e devemos prestar atenção. Nesse memorial a Meir Kahane e seu discípulo, o presente falava dos planos mais profundos de Israel.

Assentamentos como Kiryat Arba não são obra de pioneiros rebeldes; assim como nossos próprios subúrbios segregados, são projetos de Estado. Nos assentamentos, compradores de primeira viagem têm direito a hipotecas subsidiadas a taxas de juros baixas, para construir casas em terrenos que arrendam a preços reduzidos — um desconto possível pelo fato de a terra ter sido tomada. Fábricas e fazendas são respaldadas por uma gama semelhante de descontos e subsídios. Toda a infraestrutura — estradas, água, energia, sinagogas públicas e *mikvahs* — é paga pelo Estado. Nessa teia de subsídios, há um incentivo para continuar colonizando a terra dos palestinos, pois essa colonização faz avançar um interesse primordial do Estado israelense: a erosão de qualquer base para um futuro Estado palestino.

Parado ali, olhando para o túmulo de Goldstein, depois de visitar Al-Haram Al-Ibrahimi poucos dias antes, senti o horror da violência espetacular de Goldstein de forma íntima. Mas o que eu começava a enxergar era que o próprio assentamento era uma forma de violência. Quando Israel constrói assentamentos na Cisjordânia, estende suas fronteiras além dos assentamentos — às vezes sobre terras agrícolas palestinas. O acesso palestino a essas terras é quase sempre contestado e, em geral, concedido com base em um labirinto de permissões ou na vontade das forças de segurança que protegem os assentamentos. Em qualquer confronto entre palestinos e colonos, espera-se que os soldados fiquem do lado dos colonos. E os colonos são, muitas vezes, perpetradores armados de violência. "Os assentamentos têm um papel político e estratégico na tomada de terras", explicou Avner. "Imagine um lago. Você joga uma pedra, e ela cria uma onda, certo? Os assentamentos criam um efeito de onda de violência onde quer que estejam. É assim que são construídos."

O que eu conseguia ver agora era algo maior do que apenas atores ruins ou fanáticos individuais, mas um sistema em funcionamento. Perguntei a Avner e Guy como eles conciliavam viver sob esse sistema com o sionismo responsável pela própria existência deles. Houve um momento de silêncio no carro. Avner respondeu primeiro. Disse que acreditava na autodeterminação do povo judeu e que os questionamentos de onde essa autodeterminação deveria acontecer agora eram teóricos. "Nós estamos aqui", disse ele.

A questão é: pode haver uma maneira de garantir o direito à autodeterminação para israelenses e para palestinos? Creio que sim, tem que haver. Ou seja, não há outra forma. Mas penso que há coisas muito perigosas que cresceram a partir desse conceito de nacionalidade judaica, que se transformou em supremacia judaica, que vão além de Kahane ou Goldstein. Quer dizer, isso está profundamente enraizado na sociedade israelense, na ideologia sionista. Há um desejo e uma vontade de autodeterminação. Não acho que isso seja inerentemente errado. Acho que o que é inerentemente errado é uma nacionalidade se sobrepor à outra. Essa é meio que minha tentativa...

Avner silenciou. Guy não falou de forma tão pragmática. "No meu caso, entendo que vejo a fundação de Israel como um pecado. Não acho que deveria ter acontecido", disse ele. Falou de Israel como "um centro de supremacia judaica" que ele não via mudar. "Então é algo com o qual não consigo conviver. E creio que, para haver algum tipo de vida sustentável e razoável aqui, deveria ocorrer uma mudança efetiva."

Quando eu era mais novo, sentia o peso físico da raça a todo instante. Tínhamos menos. Nossas vidas eram mais violentas. E fosse por genes, cultura ou julgamento divino, diziam que isso era culpa nossa. A única ferramenta para escapar dessa condenação — para alguns poucos sortudos — era a escola. Mais tarde, saí para o mundo e vi o outro lado, aqueles que, supostamente, por genes, cultura ou julgamento divino, tinham mais, porém — como vim a entender — sabiam menos. Essas pessoas, brancas, viviam sob uma mentira. Mais do que isso, ainda estavam, de certa forma, sofrendo por essa mentira. Tinham visto mais do mundo do que eu, mas não mais da própria humanidade. O mais surpreendente foi perceber o quanto ignoravam a história do próprio país e, por isso, não tinham a percepção íntima de quão fundo seu país poderia chegar. Um sistema de supremacia se justifica por meio da ilusão, de modo que, quando esses momentos em que a ilusão não se sustenta mais chegam, sempre vêm como um grande choque. Os anos Trump surpreenderam certo tipo de pessoa branca; eles não tinham referência para a vulgaridade nacional, para uma corrupção e uma venalidade tão amplas, até que fosse tarde demais. Os menos reflexivos dizem: "Isso não é a América". Mas alguns deles desconfiam de que isso *é* a América, e há uma dor enorme em compreender que, sem o seu consentimento, você é cúmplice de um grande crime, ao descobrir que o jogo todo estava viciado a seu favor, que existem nações dentro da sua nação que passaram toda a vida coletiva nos anos Trump. A dor está na descoberta da própria ilegitimidade — que a branquitude é poder e nada mais. Eu podia ouvir essa mesma dor nas palavras de Avner e Guy. Eles foram criados com a história de que o povo judeu era a maior vítima da história. Mas depararam com uma verdade singular — de que não existe uma vítima final, que vítimas e algozes estão em constante mudança.

Era o fim da manhã. Estávamos nos aproximando da cidade de Susya, nas colinas ao sul de Hebron, na borda da Cisjordânia. Essa "cidade" era um conjunto improvisado de talvez vinte barracos e construções espalhados por uma faixa de terra. Nasser Nawaj'ah, natural de Susya e ativista, nos recebeu na sala de estar de sua modesta casa. Sentamos no sofá, e ele nos serviu chá.

Susya fica naquela vasta região conhecida como Área C, da qual os israelenses têm controle total. A maioria dos assentamentos fica na Área C, e era ali que os efeitos da violência que Avner mencionara eram mais intensos. Mas a violência explícita e direta é apenas um dos meios usados para se roubar terras na Cisjordânia. O que eu começava a enxergar era um arsenal de armas — construção de rodovias, restrição de água, vilarejos cercados, ruas proibidas, checkpoints, soldados, colonos —, tudo empregado para separar o dote da noiva. Eu me pegava admirando a elegância de tudo aquilo, da mesma forma como alguém admiraria um engenhoso assalto a banco. Mas então eu encontrava pessoas como Nasser — pessoas que tinham a terra como suas economias de toda a vida — e me lembrava do pecado da abstração, que, afinal, era exatamente o pecado que eu cometera no meu trabalho.

Disseram-me que o povo de Susya e da região mais ampla de Masafer Yatta habitava historicamente em cavernas. Mas "caverna", com suas implicações de Neandertal, não descreve bem o que vi em Masafer Yatta. Imagine casas feitas de pedra e terra, incrementadas com eletricidade e encanamento, divididas em cômodos. Essas casas-caverna têm a grande utilidade de ser duráveis contra o clima volátil da região. Os ancestrais de Nasser viviam nessas casas desde o século XVIII. O próprio Nasser nasceu em uma delas, mas o esquema de separar o dote da noiva o alocou na pequena moradia precária onde nos encontrávamos agora.

Em 1982, quando Nasser ainda era bebê, um grupo de visitantes israelenses foi até o vilarejo original. Os moradores os receberam calorosamente — teve chá, como o que eu tomava agora. No entanto, mais tarde, ficou claro que os "visitantes" estavam

131

fazendo uma missão de reconhecimento. Tendo descoberto uma antiga sinagoga na terra, Israel declarou a vila de Susya um sítio arqueológico. O Estado pôs a gestão do local nas mãos de colonos locais, que começaram no mesmo instante a expulsar os moradores palestinos de suas casas e terras. O povo de Nasser foi disperso pela Cisjordânia. A família de Nasser se mudou para suas terras ao sul na esperança de ali encontrar sossego. Mas agora estavam encurralados entre o sítio arqueológico controlado por colonos e um assentamento real. E então veio a lei.

As terras em Israel e nas áreas sob seu controle direto — Jerusalém e grande parte da Cisjordânia — são rigorosamente geridas pelo Estado. Em boa parte do país, as terras não podem ser compradas de forma direta, devendo ser arrendadas do Estado. E na Área C, as comunidades precisam submeter um pedido, com uma série de documentos, fotos aéreas e pareceres legais, para receber uma concessão de uso. Os próprios responsáveis pelo processo, assim como os gestores do sítio arqueológico de Susya e os juízes que analisam os recursos, são, muitas vezes, colonos que vivem nas colônias da Cisjordânia. Mesmo assim, o povo de Nasser apresentou um plano, incluindo uma solicitação para que sua nova comunidade fosse reconhecida pela comissão de planejamento da Área C. Não deu em nada, e, a partir daí, o povo de Nasser desistiu de tentar pelo sistema. "Por que submeter? Todos os comitês estão contra nós", ele me disse. "Essas são comunidades lideradas por colonos. Não há representantes palestinos."

O acampamento onde Nasser vive agora é ilegal, o que significa que, a qualquer momento, os tratores israelenses podem aparecer e demolir tudo. Mas a burocracia que governa Susya ainda tem suas próprias regras internas opacas. Por ora, em vez de derrubarem todo o acampamento, eles se contentam em demolir uma estrutura de cada vez. O resultado é uma espécie de limbo — Nasser vai para a cama todas as noites sem saber se o teto vai desabar sobre sua cabeça e a de sua família. Há alguns anos, uma forte nevasca atingiu as colinas ao sul de Hebron, destruindo muitos dos abrigos da vila. As famílias passaram a noite removendo neve de dentro das casas. "Um dos nossos moradores tem um problema cardíaco, e isso foi durante essa nevasca, e pedimos auxílio da polícia", disse ele. "É tão raro nós, palestinos, chamarmos as forças de ocupação para nos ajudar. Mas ligamos porque ele tinha um problema no coração. Eles não vieram."

Felizmente, o homem sobreviveu. Mas depois que a nevasca passou e o povo de Nasser voltou a reconstruir seu acampamento, os colonos tiraram fotos da reconstrução e as apresentaram para que um juiz — que também era colono — pudesse aprovar. Mas o que mais incomodava Nasser era que seu povo havia se mudado para as cavernas justamente por causa de sua resistência ao clima severo. "Não há justiça para os palestinos", disse Nasser em referência aos tribunais. "É o oposto. Falta de justiça. Os tribunais são uma ferramenta do opressor, uma ferramenta da ocupação."

Susya só continua de pé porque Nasser e sua comunidade conseguiram atrair atenção internacional. A necessidade de manter as aparências, de se apresentar como um Estado ocidental moderno, deixa Israel um tanto vulnerável à pressão externa. Mas o contexto internacional que mais ocupava Nasser naquele momento era um muito particular. "Vejo isso como apartheid", disse ele.

Na noite seguinte à minha viagem a Susya, peguei uma carona até Tel Aviv com um amigo. A tensão de Jerusalém deu lugar a cafés lotados, amplas avenidas e torres de vidro. Havia um ar de futuro que eu associaria a um certo tipo de cidade liberal nos Estados Unidos, repleta de transporte público eficiente, restaurantes interessantes e bares descolados. Os homens andavam despreocupados em suas camisetas e óculos escuros. As mulheres pareciam felizes em seus shorts curtos. Sentei em um café ao ar livre, próximo à praça Habima, observando enquanto uma multidão de manifestantes, frustrados pela tentativa de Netanyahu de subjugar os tribunais do país, passava agitando bandeiras israelenses. Uma das bandeiras tinha rosa e branco no lugar da silhueta tradicional israelense.

Pedi um ginger ale e logo comecei a me consumir em pensamentos. Observava as fileiras de manifestantes passando. Mas também pensava em tudo o que havia visto nos últimos dias — em Hebron, Susya e na Cidade Velha — e em como tudo isso parecia distante desses protestos. Nos Estados Unidos, esses protestos tinham cobertura positiva e eram considerados evidências da vitalidade e da força da "única democracia no Oriente Médio". Mas eu já sabia que "a única democracia no Oriente Médio" era essencialmente um slogan que, como o "Café da Manhã dos Campeões" ou "Just Do It", dependia menos da lógica ou da realidade observada do que de uma forma de associação de palavras. O "Oriente Médio" é a insanidade dos atentados suicidas, o atraso de uma mulher espiando por trás de seu *niqab*. "Democracia" é a bandeira sobre Iwo Jima, Washington cruzando o Delaware, um trabalhador se manifestando em uma assembleia na cidade. Sobreponha as duas frases e eis que surge uma colagem — uma representação visual do sonho de Herzl de "um posto avançado da civilização contra a barbárie". Essa colagem é uma tecnologia, tão funcional quanto qualquer outra: quem pode julgar a democrática Israel, que precisa existir "nessa parte do mundo" onde reinam casamentos infantis, armas químicas e Bin Laden?

Sentei naquele café, furioso em meus próprios pensamentos, revoltado com aquele protesto cujo objetivo era a preservação de uma democracia para alguns. Mas então me misturei à multidão. Havia bandeiras, tambores, cânticos e um senso de união entre os manifestantes. A sinceridade de tudo aquilo tornava difícil continuar com raiva. Essas pessoas eram genuínas. Pensei na minha conversa com Avner e Guy, e em como é difícil efetivamente reconhecer seu lugar em um sistema cujas ações condenam sua consciência. Mas agora, olhando para a forma como minhas viagens se desenrolaram nos últimos anos, penso em Josiah Nott, em D.W. Griffith, em toda a literatura criada para esconder a verdade de uma classe opressora de si mesma, para assegurar que ela está, de fato, em sintonia com o universo.

O corpus sionista está cheio de entradas desse tipo, muitas das quais são análogas às dos Estados Unidos. Os barcos que traziam judeus fugitivos para a Palestina Mandatária são chamados de "os *Mayflowers* de toda uma geração", os combatentes que lutavam para tomar o poder dos britânicos são comparados aos "homens de Concord ou Lexington", e se usa a frase "É 1776 na Palestina" como um grito de guerra. Quando o jornalista americano Frank W. Buxton visitou um kibutz como parte do Comitê Anglo-Americano de 1946, o que ele viu foi sua própria genealogia nacional. "Sempre me orgulhei dos meus ancestrais que fizeram fazendas na floresta virgem", disse Buxton. "Mas essas pessoas estão cultivando em meio a pedras!" Se os ancestrais de Buxton criaram um Estado a partir de um vazio desabitado, os sionistas também poderiam — essa ideia já existia antes de Buxton. Em 1881, enquanto uma onda de pogroms atingia os judeus russos, o clérigo americano William E. Blackstone lamentava que "esses milhões não podem ficar onde estão, e ainda assim não têm outro lugar para ir". Mas, para Blackstone, a tragédia era agravada pelo fato de que havia uma solução óbvia: a Terra da Palestina, "uma terra sem povo, e um povo sem terra".

Blackstone deu voz, de forma concisa e poética, a uma ideia que voltaria repetidas vezes ao pensamento sionista: de que o povo palestino não existia. "Não era como se houvesse um povo palestino na Palestina, que se considerava um povo palestino, e nós chegamos, os expulsamos e tomamos o país deles", argumentou Golda Meir. Oculta nessa afirmação há outra ideia — de que o valor de um povo é definido por sua posse de uma pátria incorporada como um Estado. Os palestinos, sem esse Estado, não teriam direito à terra e, talvez, nenhum direito. A acusação de ser "sem pátria" ou "apátrida" era frequentemente dirigida aos próprios judeus. Os sionistas procuravam responder a essa acusação, mas não questionavam seu princípio. Seu modelo eram os peregrinos americanos ou os Minutemen,* e o papel que viam para os palestinos era, portanto, previsível.

Em 1958, Leon Uris publicou seu romance de maior sucesso, *Exodus*, mais tarde adaptado para o cinema, estrelado por Paul Newman. Uris detestava qualquer representação de "judeus fracos" e acreditava que muitos israelenses sentiam o mesmo por seus "fortes sentimentos em relação aos judeus que não revidam". E contra quem eles deveriam lutar estava claro. "Esta é Israel", escreveu Uris em uma carta de 1956 ao pai, o "lutador que cospe no olho das hordas árabes e as desafia." Assim, o povo judeu poderia restaurar a honra perdida para os nazistas, lutando contra os árabes no momento crítico. Mas, melhor do que substitutos dos nazistas, os palestinos davam a Israel os nazistas *selvagens*, bárbaros do Terceiro Mundo que incorporavam o nativo depravado na mente colonial. O asteca. O índio. O zulu. O árabe. Em *Exo-*

---

* Os Minutemen foram uma força de milicianos voluntários organizados no século XVIII nas Treze Colônias Americanas e preparados para se mobilizar com rapidez durante a Guerra de Independência dos Estados Unidos. (N. T.)

dus, a imagem dos árabes saqueadores, covardes e propensos ao estupro será familiar para qualquer um que já tenha visto a representação de negros em *O nascimento de uma nação*, de Griffith. Assim como a caricatura vulgar dos negros servia à causa da Redenção branca, os árabes, em *Exodus*, serviam à causa do sionismo.

Fã do gênero faroeste, Uris escreveu *Exodus* para atrair os "gentios" americanos. A recepção a seu livro, que se alinhava à causa da redenção israelense, foi calorosa. Nove anos depois da publicação de *Exodus*, a Guerra dos Seis Dias consagrou um amor marcial americano por Israel. Era 1967, e os Estados Unidos estavam envolvidos em uma guerra com um inimigo colonizado, na qual perdiam tanto as batalhas físicas quanto a superioridade moral. Mas, em Israel, os americanos viam guerreiros ocidentais derrotando os selvagens. Não eram soldados, mas defensores justos e relutantes de um povo há muito perseguido, matando apenas quando levados ao limite.

Em Israel, esse ideal foi resumido no conceito das Forças de Defesa de Israel de "Pureza das Armas". Extraído de seu código oficial de ética, "Pureza das Armas" sustenta que os soldados israelenses são particularmente nobres ao lutar com contenção e manter sua "humanidade mesmo em combate". Nos Estados Unidos, jornalistas adotaram essa noção e criaram seu próprio mito da causa perdida das Forças de Defesa de Israel. Na edição de setembro de 1967 da *Atlantic*, em um artigo intitulado "A espada rápida", Barbara Tuchman escreveu sobre os soldados israelenses "lutando e chorando", descrevendo-os como "leões" que "lutaram com lágrimas", enquanto assegurava a seus leitores que os israelenses, devido à sua própria história, eram um tipo diferente de Exército. "O povo judeu não está acostumado à conquista, e nós a recebemos com sentimentos mistos", disse o general Yitzhak Rabin a Tuchman.

Quando *Um espelho distante* foi publicado anos depois, Tuchman alertou contra uma hagiografia da violência, citando os cavaleiros daquela época:

Os cavaleiros do rei Arthur se aventuravam pelo que era certo contra dragões, feiticeiros e homens maus, estabelecendo ordem em um mundo selvagem. Então, seus equivalentes vivos deveriam, em teoria, servir como defensores da fé, mantenedores da justiça, campeões dos oprimidos. Na prática, eles próprios eram os opressores, e no século XIV a violência e a ilegalidade dos homens da espada haviam se tornado uma grande fonte de desordem.

Mas, em 1967, a história dessa força aparentemente improvisada lutando com honra e chorando enquanto atirava era tentadora demais. Assim como o impulso de aplicar a pseudociência mais desonrosa daquela época.

O Comitê Anglo-Americano viu nos israelenses uma transformação — "uma nova geração de judeus surgindo livre do estigma do gueto" — que não era apenas espiritual, mas física. "Muitas das crianças judias que vi eram loiras e de olhos azuis, uma mutação em massa que, me disseram, ainda precisa ser adequadamente explicada", escreveu o comissário do comitê Bartley Crum. "É ainda mais notável porque a maioria dos judeus da Palestina é de origem judaica do Leste Europeu, tradicionalmente de cabelos e olhos escuros. Pode-se quase afirmar que um novo povo judeu está sendo criado na Palestina." Em 1951, o jornalista Kenneth W. Bilby escreveu que os judeus israelenses estavam se tornando fisicamente diferentes de "seus primos semitas no mundo árabe". Depois de visitar um grupo de crianças em um kibutz, Bilby escreveu: "Eu teria desafiado qualquer antropólogo a misturar essas crianças em uma multidão de jovens britânicos, americanos, alemães e escandinavos, e depois a separar os judeus".

A observação de Bilby fala sobre a manipulação racial em ação no Ocidente, as fronteiras absurdas da branquitude e o lugar incerto dos judeus dentro dela. A guerra que resultou em tantas mortes de judeus, a Segunda Guerra Mundial, foi tanto uma guerra racial quanto uma guerra mundial — com raízes profundas nos Estados Unidos. Já em 1905, os conquistadores alemães do Sudoeste Africano instituíram leis contra a miscigenação — leis que haviam adotado a partir de seus estudos sobre o Sul dos Estados Unidos. Mais tarde, quando os alemães buscaram iniciar o extermínio dos hererós e dos namas, seu raciocínio era claro: "Os nativos devem ceder", afirmou o general alemão Lothar von Trotha. "Olhe para a América." Na década de 1930, quando os nazistas procuraram precedentes para suas leis antissemitas, eles os encontraram nos Estados Unidos — "a principal jurisdição racista do mundo", escreve o historiador James Q. Whitman. A presença relativamente pequena de negros não foi uma barreira para os nazistas. Hitler "via o mundo todo como uma 'África'", escreve o historiador Timothy Snyder. "E todos, inclusive os europeus, em termos raciais." Ucranianos e poloneses eram menosprezados como "negros". Diziam que os eslavos lutavam "como índios". E os alemães se imaginavam como colonizadores heroicos, "domadores de terras distantes", escreve Snyder. Entre as nações sob o domínio de Hitler, a mensagem não passou despercebida. "Somos como escravos", escreveu uma mulher ucraniana em seu diário. "Com frequência, o livro *A cabana do Pai Tomás* vem à mente. Antes, derramávamos lágrimas por aqueles negros, agora, claro, estamos vivenciando a mesma coisa."

Nos anos que se seguiram à guerra, o lugar dos judeus na tenda da branquitude ainda era incerto. Mesmo depois do Holocausto, o antissemitismo permanecia uma força poderosa, e nos campos nos quais os deslocados pela guerra se aglomeravam, os judeus "deslocados" se encontravam em condições imundas, semelhantes a prisões, com direito a arame farpado. "Do jeito que as coisas estão", escreveu o oficial americano Earl G. Harrison em um relatório sobre os campos, "parece que tratamos os judeus como os nazistas os trataram, exceto que não os exterminamos." Esse tratamento não era circunstancial, mas reflexo de um ódio profundo que chegava aos níveis mais altos de autoridade nos campos. Informado sobre o relatório de Harrison, o general George S. Patton, que comandava os campos de deslocados na Baviera, desabafou em seu diário: "Harrison e outros como ele acreditam que os deslocados são seres humanos, o que não são, e isso se aplica especialmente aos judeus, que são inferiores aos animais".

Se o americano comum era menos fervoroso em seu antissemitismo, isso não significava grande simpatia pelos sobreviventes do Holocausto. Em uma pesquisa de 1945, apenas 5% dos americanos acreditavam que a imigração deveria ser aumentada, enquanto 37% achavam que a imigração deveria ser ainda mais restrita. Quando o Congresso, a pedido do presidente Truman, tentou ajustar suas leis de imigração para permitir a entrada de mais deslocados no país, o deputado texano Ed Gossett os denunciou como "o refugo da Europa". Seu escritório foi então bombardeado com uma enxurrada de ataques antissemitas, que denunciavam a "legislação dominada pelos judeus", investiam contra o "Jew Deal", afirmavam que os Estados Unidos "lutaram do lado errado" e que os judeus "arruinaram todos os países em que entraram, incluindo a Alemanha, e já estão arruinando os Estados Unidos". Nesse cenário, o Congresso aprovou uma lei de imigração em 1948 que utilizava restrições geográficas e temporais para manter a imigração judaica no mínimo. Nesse mesmo ano, os Estados Unidos se tornaram o primeiro país a reconhecer a independência de Israel. A causa da "branquitude" dos judeus foi assim promovida ao mantê-los "por lá", e, melhor ainda, por lá lutando contra nativos e selvagens.

A violência legítima direcionada contra uma casta inferior brutalizada e desprezada sempre foi a chave para entrar na fraternidade das nações ocidentais. E quando essas nações se sentem humilhadas, quando sua honra nacional é manchada, essa violência se mostra ainda mais terrível. Nenhum povo no mundo entendeu isso melhor do que os supremos *Untermenschen* de Hitler — os judeus da Europa. A raiva de Uris contra os "judeus fracos", aqueles que durante o Holocausto se recusaram a "revidar", ecoava um sentimento presente em alguns setores da comunidade judaica. Mordechai Gichon, que lutou na Segunda Guerra na Brigada Judaica do Reino Unido e, posteriormente, encontrou sobreviventes das atrocidades nazistas, sentiu tanto vergonha quanto compaixão:

> Minha mente não conseguia entender, nem à época, nem hoje, como foi possível que houvesse dezenas de milhares de judeus em um campo com apenas alguns guardas alemães. Mas eles não se revoltaram, simplesmente foram como ovelhas para o abate... Por que não os despedaçaram [os alemães]? Sempre disse que algo assim não poderia acontecer na Terra de Israel.

As guerras contra os palestinos e seus aliados árabes eram uma espécie de teatro no qual os "judeus fracos" que iam "como ovelhas para o abate" eram substituídos pelos israelenses que "revidavam". Assim, operava-se uma redenção de outro tipo: ao derrotar o "árabe" selvagem, ao assassinar seus líderes, ao confiná-lo nos bantustões de Tuba, nas reservas de Gaza ou nos guetos de Lida, a honra nacional judaica era restaurada à maneira tradicional das potências da Europa Ocidental. A "mutação em massa" em direção à branquitude avançava, e "Forças de Defesa de Israel", "Mossad" e "Shin Bet" se tornavam sinônimos de uma violência justa e viril. Essa definição é produto de ações — mas essas ações precisavam ser retratadas. Precisavam do ódio de Leon Uris pelos "judeus fracos". Precisavam dos leões chorosos de Barbara Tuchman. E precisavam de um público e de narradores americanos. Para a adaptação cinematográfica de *Exodus*, o astro pop americano Pat Boone foi escolhido para escrever a letra da música-tema e cantá-la. Não decepcionou:

Se eu tiver que lutar, lutarei para fazer desta terra nossa
Até morrer, esta terra é minha.

Tendo derrotado seus inimigos árabes e se estabelecido como um Estado, Israel iniciou o processo de assegurar o máximo de terra possível para seu novo Estado, ao mesmo tempo que mantinha o maior número possível de palestinos fora das fronteiras desse Estado. Essa abordagem etnocrática de construção do Estado tinha raízes profundas no sionismo, que sustentava que a condição de maioria dentro de um Estado judeu forte era a única verdadeira proteção contra o antissemitismo. Implantar essa maioria apresentava um problema óbvio — os palestinos. "Há apenas uma coisa que os sionistas querem, e é essa coisa que os árabes não querem", escreveu Jabotinsky,

pois é dessa forma que os judeus gradualmente se tornariam a maioria, e então um governo judeu seguiria de forma automática, e o futuro da minoria árabe dependeria da boa vontade dos judeus; e o status de minoria não é uma coisa boa, como os próprios judeus nunca se cansam de apontar. Portanto, não há "mal-entendido". Os sionistas só querem uma coisa, imigração judaica; e essa imigração judaica é o que os árabes não querem.

Em 1948, Israel já não precisava considerar o que "os árabes" poderiam querer. Mais de 700 mil palestinos foram expulsos de suas próprias terras e banidos pelo Exército israelense em avanço. Muitos desses palestinos acreditavam que poderiam voltar para suas casas depois da guerra. Mas tal retorno destruiria o projeto do Estado israelense ao transformar os judeus em uma minoria — exatamente o que os sionistas buscavam evitar. Assim, os palestinos tiveram o "direito de retorno" negado, e suas terras foram confiscadas pelo Estado e entregues a outros israelenses. A transformação foi impressionante: antes da criação do Estado de Israel, os palestinos eram donos de 90% de todas as terras na Palestina Mandatária. A maior parte dessas terras foi tomada e incorporada a Israel. "De 1948 a 1953, o período de cinco anos pós-criação do Estado, 350 (de um total de 370) novos assentamentos judeus foram construídos em terras de propriedade de palestinos", escreve Noura Erakat em seu livro *Justice for Some* [Justiça para alguns].

A ameaça de perder a supremacia demográfica ainda paira sobre Israel. Em 2003, o futuro primeiro-ministro Ehud Olmert pediu que Israel "maximizasse o número de judeus" e "minimizasse o número de palestinos". Uma "maioria muçulmana" significaria a "destruição de Israel como um Estado judeu", afirmou o ex-primeiro-ministro Ehud Barak. Netanyahu, certa vez, alertou que, se os cidadãos palestinos alcançassem 35% de Israel, o Estado judeu seria "anulado". Olhando para as "fronteiras absurdas" de Jerusalém, o ex-vice-prefeito Meron Benvenisti resumiu a política por trás delas como "a aspiração de incluir o máximo de terra com o mínimo de árabes".

Há uma relação direta entre essa vulnerabilidade, essa fragilidade implícita no sonho sionista, e a enorme tensão que senti no meu primeiro dia em Jerusalém. A Cidade Velha faz parte de um grupo maior de comunidades do entorno chamado de Bacia da Cidade Velha. Nessa região vivem cerca de 100 mil palestinos, em contraste com 6 mil israelenses. Não há no planeta uma concentração maior de locais sagrados para as religiões abraâmicas do que essa área — e ali a proporção de palestinos para israelenses é de vinte para um. Quando estávamos em Susya, Nasser me contou que, quando sua família foi expulsa de casa, a caverna foi transformada em um "cinema" e em um "centro turístico" dedicado aos "tempos bíblicos". Como sempre, o fluxo de informações me deixou atordoado, e tive alguma dificuldade em imaginar uma caverna que já havia sido o lar de alguém virando um cinema e um centro turístico focado nos tempos bíblicos. Na minha mente, surgiram imagens de um planetário com anjos flutuando pelos céus, e depois de uma sala IMAX onde anfitriões israelenses entregavam óculos 3D para que o público visse os profetas caminhando pela terra em terceira dimensão. Descartei essas imagens como absurdas.

Dois dias depois de ver Nasser, porém, Avner e eu visitamos o que só posso descrever como um parque de diversões arqueológico, a Cidade de Davi — um extenso complexo em uma colina próxima à Cidade Velha de Jerusalém. Entramos em um amplo e acolhedor saguão, cheio de crianças israelenses em idade escolar, rindo, gritando e correndo. Comprei meu ingresso e fui explorar o coração do complexo, construído em torno de parte de uma escavação arqueológica datada do final do século XIX, quando os britânicos encontraram ali as primeiras evidências de um assentamento antigo, mais antigo do que a própria Cidade Velha. Os britânicos acreditavam que a arqueologia da Terra Santa provaria a historicidade da Bíblia, dando armadura científica e empírica à fé cristã. Pouco depois de descobrirem evidências desse acampamento, fizeram uma declaração surpreendente: haviam encontrado o trono do rei Davi, o matador de Golias, fundador da dinastia judaica e progenitor do antigo reino de Israel.

O escritor e cronista israelense Amos Elon descreveu certa vez a arqueologia em Israel como um "quase esporte nacional", que cativava uma nação eternamente em busca da "reafirmação de suas raízes". Elon observou que os símbolos nacionais israelenses eram quase todos derivados de antiguidades. "Para o israelense inquieto", escreveu ele, "os confortos morais da arqueologia são consideráveis." Como no caso dos britânicos antes deles, a arqueologia sionista buscava afirmar a Bíblia como história para justificar seu projeto estatal. Esse projeto necessitava de uma narrativa contínua, que se estendesse desde tempos imemoriais até a nação judaica moderna. Com uma narrativa assim, Israel teria o que Ben-Gurion chamou de "a sacrossanta escritura de posse da Palestina".

Enquanto eu caminhava pela Cidade de Davi, as evidências dessa escritura, muito menos a presença do antigo rei israelita em si, me pareciam extrapoladas. O capitel de uma coluna de pedra desenterrada trazia uma etiqueta que dizia, em parte, "muitos dos segredos da Cidade de Davi permanecem escondidos no solo", como se insinuasse grandes segredos e descobertas futuras. Depois do meu tour autoguiado, assisti a um filme em 3D no qual um homem vestido como Indiana Jones narrava uma animação sobre a conquista da Cidade de Jerusalém pelo exército de Davi. No final, o narrador declarava, em um tom triunfante, que os governantes originais da terra haviam por fim retornado. Esse retorno podia ser celebrado de várias maneiras. A Cidade de Davi compensava em entretenimento aquilo de que carecia em ciência. O local oferecia um "show noturno Aleluia" e prometia uma "viagem mágica e misteriosa ao coração de Jerusalém". Planos futuros incluíam um teleférico e uma tirolesa.

Agora eu entendia o que Nasser quis dizer com "centro turístico dedicado aos tempos bíblicos". E reconheci ali o triunfalismo frágil, a necessidade desesperada de afirmar uma linhagem real e feitos ancestrais grandiosos. Não pude deixar de pensar se esse triunfalismo não nascia de uma refutação — de uma necessidade de provar que seu povo não é um "animal" que "arruinou todos os países onde entrou". Vi isso a vida toda nas invocações de grandes reinos e impérios antigos — uma busca por procedência e raízes nobres. Era algo muito estranho, o conquistador ainda subjugado pela negrologia. E agora o sionismo avançava para um terceiro ato sombrio, no qual raízes nobres precisavam garantir privilégios nobres.

Um dia antes, eu havia visitado um assentamento e visto algo que parecia saído do mundo de *Mad Max*. Na fronteira desse assentamento, a cada dez metros, eu via um cão de guarda se levantar, rosnar e latir alto. Olhando mais de perto, vi que cada um desses cães estava preso a uma coleira que se estendia por uns três metros para cima, e se encontrava com uma corda principal esticada ao longo do espaço. O efeito era como uma cerca, um muro feito de cães de guarda. Senti-me diante de uma terrível quimera — uma parede de cães ferozes que parecia saída dos meus pesadelos em Montgomery.

Havia também um quê de insegurança naquela quimera, em quem quer que a tivesse planejado. Para construir o equivalente a uma parede de devoradores, é preciso estar *realmente* com medo de alguma coisa. Talvez seja isso o que acontece quando a aniquilação deixa de ser especulação e passa a ser uma realidade histórica nacional e pessoal. Essa é a explicação mais fácil. A mais perturbadora é que essa parede não representava nada novo, que não era mais espetacular do que os rituais de linchamento, que a multidão também era insegura, que seus rituais também refletiam a impotência violenta do homem branco. E, estranhamente, senti o mesmo ao sair da Cidade de Davi — de estar na presença de uma impotência violenta. Tudo parecia tão falso. Contemplando a redenção da Terra de Israel, o suposto lar ancestral de um povo antigo, anunciado em projeção 3D e acessado via tirolesa, não consegui escapar da sensação de estar diante de um conto de fadas mal construído e uma grande farsa. Eu estava na terra que Uris tanto adorava, onde o novo judeu "cospe no olho das hordas árabes". Mas a própria violência e força emanadas até mesmo da Cidade de Davi refletiam a inquietação e o medo que residiam no fundo de Israel. O Estado protestava demais. Ocorreu-me que, se a honra nacional judaica de fato tivesse sido redimida, os próprios israelenses não acreditavam totalmente nisso.

Saímos do complexo e caminhamos em direção à Cidade Velha propriamente dita. A oeste, pude ver vários prédios se erguendo na encosta. Alguns deles tinham olhos pintados, observando a Cidade de Davi. Na Cidade Velha, encontramos Alon Arad, um arqueólogo da Universidade de Tel Aviv, e Amy Cohen, uma ativista local pela moradia. Se essa combinação parecer um pouco estranha a você, não há problema — eu também estranhei bastante. Eu tinha dado a alguns conhecidos um esboço dos meus interesses, e eles montaram uma lista de pessoas com quem eu deveria falar e em que ordem. Entreguei-me a essa lista sem questionar — não era como se eu tivesse base para discordância. Foi assim que fui parar na Cidade de Davi. Recomendaram-me que visitasse esse "parque arqueológico" sozinho primeiro e, depois, fizesse outro tour tanto pela Cidade Velha quanto pela Cidade de Davi na companhia de profissionais.

Foi um sábio conselho. Era a segunda vez que eu visitava a Cidade Velha. Antes, eu havia entrado como muçulmano, pelo Portão do Leão, e meus guias eram muçulmanos ou árabes, o que reduzia meu acesso, mas ampliava minha compreensão das fronteiras invisíveis da cidade. Desta vez, entrei pelo Portão de Jaffa — o caminho por onde a maioria dos turistas estrangeiros, não muçulmanos, chega. A diferença era palpável, e, como em Tel Aviv, enquanto eu me deslocava entre a multidão de turistas felizes e cruzava com animadas festas de bar mitzvah, a sensação era de estar em outro país.

Depois do almoço, saímos de novo pelo Portão de Jaffa e nos aproximamos de um túnel protegido por um posto de controle. Os guardas olharam meu passaporte e me analisaram com desconfiança antes de nos deixar passar. Ao passarmos, Amy explicou que palestinos costumam ser barrados nesse ponto. Depois do controle, chegamos a uma praça, e à distância vi uma fila de fiéis diante do Muro das Lamentações, que, acredita-se, remonta à época de Herodes, há cerca de 2 mil anos, e faz fronteira com o Monte do Templo. Observando a praça cheia de fiéis e turistas, entendi que estava em um lugar projetado para inspirar reverência e solenidade. Mas eu já sabia a facilidade com que esses sentimentos podiam se transformar em motivo de guerra. E sabia também, a essa altura, que o Muro das Lamentações como eu o via agora, com sua praça ampla, era um testemunho dessa transformação.

Em 1967, quando as Forças de Defesa de Israel conquistaram Jerusalém Oriental e a Cidade Velha, Israel celebrou. "Retornamos ao mais sagrado dos nossos lugares", disse o general Moshe Dayan à revista *Life*. "Para nunca mais partir." Nenhum lugar era mais sagrado do que o Muro das Lamentações, aquele vestígio de uma era em que os antigos reis judeus governavam a Cidade Velha. Por séculos, fiéis judeus negociaram o direito de orar no Muro com os governantes muçulmanos de Jerusalém, os quais veneravam Aqsa, que faz fronteira com o Muro. Os novos governantes de Jerusalém imaginaram uma ampla praça onde os fiéis poderiam orar em massa. Mas o problema, bem conhecido, era que já havia gente lá. Em 1193, Malik Al-Afdal, filho de Saladino, o flagelo dos Cruzados, doou uma parte de terra em frente ao Muro para fiéis e estudiosos islâmicos do norte da África, o Magrebe.

Quando Dayan chegou à Cidade Velha, o Bairro Muçulmano, de oitocentos anos, abrigava 108 famílias em cerca de três quarteirões. O jornalista Abdallah Schleifer descreveu o bairro como "um local agradável e arquitetonicamente distinto, com terraços de telhado recém-caiados, jardins e casas independentes e organizadas, construídas no estilo norte-africano há centenas de anos para abrigar soldados marroquinos que guarneciam Jerusalém para os otomanos". Essa descrição contrastava fortemente com a do líder sionista Chaim Weizmann, que, em um apelo a Lord Balfour pela custódia do bairro, o descreveu como uma coleção de "cabanas miseráveis e edifícios em ruínas". Weizmann se ofereceu para comprar o bairro, mas foi rejeitado, assim como todos os esforços subsequentes. Mas o que não pôde ser comprado pôde ser tomado pela espada. "No dia seguinte à queda da Cidade Velha", escreveu Teddy Kollek, então prefeito de Jerusalém, "também ficou claro para mim que algo precisava ser feito a respeito das pequenas casas da favela que se aglomeravam próximas ao Muro das Lamentações."

Já em 1887, o barão Edmond de Rothschild havia proposto comprar e demolir o bairro para criar uma praça para os fiéis. Três dias depois da queda da Cidade Velha, a visão de Rothschild logo se tornou realidade quando as escavadeiras israelenses derrubaram o bairro. Cento e trinta e cinco casas foram demolidas e 650 pessoas ficaram desabrigadas. Pelo menos uma mulher foi esmagada ao permanecer dentro de sua casa. "As pessoas se sentiram deprimidas porque essas casas não eram apenas propriedade delas, mas também de seus antepassados, de oitocentos anos atrás, ou mais", lembrou posteriormente um morador.

Nos disseram para pegar tudo o mais rápido possível, pois não tínhamos tempo... Algumas pessoas pegaram suas coisas como loucas e saíram correndo de suas casas. Era inacreditável. Foi "rápido, rápido, peguem suas coisas e saiam, *yalla*, rápido, rápido"... Não deixaram ninguém ficar. Esvaziaram o bairro inteiro num piscar de olhos.

O motivo declarado para a destruição do Bairro Muçulmano era a falta de espaço para os fiéis judeus. Mas, assim como os sionistas buscavam reforçar seu próprio título de posse, a aniquilação do Bairro Muçulmano permitiu a destruição de qualquer reivindicação concorrente. Havia um literalismo bruto nesse processo, uma conexão direta entre as reivindicações simbólicas nebulosas de ancestralidade e as reivindicações muito reais e exclusivas feitas sobre a terra palestina. E esse processo continua até hoje. A Cidade de Davi apresenta seus objetivos como educacionais — conectando as pessoas, por meio de uma mistura de arqueologia e turismo, com o passado judeu. Na verdade, seus planos são mais profundos. É administrada por uma organização privada de colonos que recebeu a custódia do local de escavação do Estado. Nossa visita aconteceu no oitavo dia da minha viagem, e a essa altura eu já sabia o suficiente para entender que o principal objetivo de qualquer "organização de colonos" era expulsar os palestinos e instalar judeus israelenses.

Um método para isso é declarar um pedaço de terra como sítio arqueológico, permitindo assim que o Estado afirme interesse na forma como esse local é utilizado. Na Área C, onde Nasser e todos os palestinos estão sujeitos ao governo israelense, os interesses do Estado podem significar despejo imediato. Em Jerusalém Oriental, onde os palestinos têm "residência" e não cidadania, o despejo é mais complicado. Então, embora a declaração do Estado de que sua casa é um sítio arqueológico possa não levar a um despejo direto, ela permite escavações em frente à sua casa, ou túneis construídos bem embaixo dela. E, no caso da Cidade de Davi, também permite inundar seu bairro com turistas entusiasmados com histórias de fervor religioso, prontos para considerar você um ocupante da terra que Deus concedeu a eles. O objetivo, explicou Alon, era criar uma "correlação entre a herança judaica e a propriedade", e formar uma geração que não pudesse imaginar nada além do domínio judeu completo sobre a Terra de Israel. Enquanto eu estava ali, observando os fiéis, Alon apontou para o que parecia ser as ruínas de um antigo muro. Parado ali, em meio ao que restava do Bairro Muçulmano, em meio a um mundo perdido, senti uma mistura de espanto, traição e raiva. O espanto era por mim — por minha própria ignorância, minha falta de curiosidade, os limites do meu senso de reparação. A traição era pelos meus colegas de jornalismo, pela forma como relatavam, pela forma como haviam mascarado o que era uma evidente discriminação, pelas vozes que apagaram. E a raiva era pelo meu próprio passado — por Black Bottom, por Rosewood, por Tulsa — que eu não podia deixar de sentir sendo evocado ali.

Quando saímos, longe dos fantasmas do Bairro Muçulmano, voltamos à Cidade de Davi. Nessa segunda visita, percebi algo que não notara na primeira: que, a poucos passos da escavação principal, havia um pequeno bairro residencial com casas ao longo de um lado da rua. Algumas dessas casas exibiam bandeiras israelenses, outras não. Ainda era Jerusalém Oriental — território ocupado. As bandeiras israelenses anunciavam com orgulho que esse território estava sendo ativamente colonizado. E, lembrando a explicação de Alon, entendi que aquele espaço tinha uma história que não era inerte ou antiga; era viva, usada para promover o que agora eu podia ver como uma limpeza étnica lenta, mas constante.

Em todos os lugares a que fui naquela semana, nos Territórios Ocupados, em Jerusalém Oriental, em Haifa, e nas histórias contadas por palestinos e até por israelenses, senti que o Estado tinha uma mensagem para os palestinos dentro de suas fronteiras: "Você estaria melhor em outro lugar". Às vezes, a mensagem era transmitida de forma brutal, como quando Nasser e sua família foram expulsos de casa. Mas, em Jerusalém, as táticas eram mais sutis. A Cidade de Davi tornava extremamente desconfortável para os palestinos estarem ali. Pensei na minha visita a Columbia, na Carolina do Sul, e em todos os monumentos aos escravocratas e defensores das leis Jim Crow. Pensei em como a bandeira confederada tremulara uma vez sobre o Capitólio. Pensei nas pessoas que vinham ver esses monumentos, que consideravam a bandeira importante. Então imaginei o Estado que governava a mim e a minha família trazendo tudo isso para a porta da minha casa.

O que eu via ali parecia tão crível quanto a história por trás daqueles memoriais confederados. A Cidade de Davi ostentava uma aparência de procedência antiga e ciência arqueológica, mas ainda era incerto para mim se houvera ali, algum dia, uma cidade ou um rei chamado Davi.

"Esta é a Cidade de Davi?", perguntei a Alon.

"É uma cidade da Idade do Ferro, de duzentos anos depois do reinado do rei Davi", respondeu ele.

"Então ele já estava morto quando..."

Alon interrompeu: "Eu acho que ele nunca existiu".

Ele disse isso com a naturalidade que convém à sua profissão — afastando o tipo de mito que um leigo tomaria por história. A arqueologia era interpretativa, explicou Alon. Você encontra quatro paredes e chama isso de uma sala — e, se estiver predisposto a acreditar que se encontra no trono de um antigo reino, por que não poderia ser a sala do trono? Continuamos andando até chegarmos a uma área externa de boas-vindas, onde Alon me indicou uma placa gravada na parede. A placa trazia a bandeira dos Estados Unidos e o nome de um de seus ex-embaixadores em Israel. Aproximei-me para ler a inscrição: "A Cidade de Davi traz a Jerusalém Bíblica à vida no mesmo local onde reis e profetas da Bíblia caminharam", informava a placa. "O alicerce espiritual dos nossos valores como nação vem de Jerusalém. Foi sobre esses ideais que a república americana foi fundada e o vínculo inquebrável entre os Estados Unidos e Israel foi formado."

Nesse ponto, Alon abandonou seu tom clínico e elevou a voz. A Cidade de Davi "conseguiu se tornar uma tendência tão grande que o embaixador americano vem aqui e declara que este lugar é parte do glorioso patrimônio dos Estados Unidos no exterior", disse ele.

> Agora existe um patrimônio americano no exterior. Geralmente são cemitérios na Normandia. Sim, isso é o patrimônio americano no exterior. A Cidade de Davi não é. E quando você fala sobre supremacia branca e sobre como as coisas estão aqui, é por isso que eu acho que a Igreja evangélica e os colonos se encontraram e formaram uma combinação perfeita. O pensamento deles é o mesmo. O que fazem é diferente, mas o pensamento é o mesmo...

Interrompi Alon: "Preciso de um minuto. Vou me sentar um pouco".

Afastei-me e encontrei um lugar à sombra, longe de todos. Naquele momento, tudo o que eu tinha visto ao longo dos dias começou a se acumular na minha mente — as expulsões das cavernas, o massacre em Hebron, os monumentos ao genocídio, os postos de controle, a parede de devoradores e muito mais. Aqueles que questionam Israel, aqueles que questionam o que foi feito com o símbolo moral do Holocausto, com frequência são orientados a focar nos grandes males cometidos mundo afora. Dizem-nos que é de se suspeitar que, dentre todos os Estados supostamente amorais, escolhamos Israel — como se a relação entre os Estados Unidos e Israel não fosse, em si, singular. Mas a placa era clara: "O alicerce espiritual dos nossos valores como nação vem de Jerusalém". Esse esforço que eu via, o uso da arqueologia, a destruição de locais antigos, a expulsão de palestinos de suas casas, tinha o respaldo específico dos Estados Unidos da América. O que significa que tinha o meu respaldo. Isso não era só mais um mal cometido por outro Estado, mas um mal cometido em meu nome.

Deixamos a Cidade de Davi e descemos para um vale onde mais uma escavação estava em andamento — a busca pelo antigo Reservatório de Siloé, no qual, segundo se conta, Jesus curou um cego. Na busca pelo reservatório, a Cidade de Davi, juntamente com o governo israelense, confiscou e destruiu o pomar de uma família palestina. Até agora, nenhuma evidência da existência do reservatório e de seus poderes miraculosos havia sido encontrada. Mas focar nos fatos da história é perder o ponto central da Cidade de Davi. Como um de seus oficiais disse a um repórter, os turistas que vêm aqui "querem ouvir algumas histórias bonitas. Não querem assistir a uma palestra de um professor". Pressionado sobre a precisão histórica do próprio nome da Cidade de Davi, o oficial não se abalou. "Ainda não encontramos uma placa dizendo: 'Bem-vindo ao palácio do rei Davi'. Talvez isso seja descoberto, talvez não."

Cheguei ao hotel naquela tarde exausto como de costume — tão exausto que, na verdade, nem percebi o homem parado à porta do hotel. Ou talvez tenha percebido, mas não registrei seu papel até ele bloquear meu caminho. "Você é hóspede aqui?", perguntou. Dirigiu-se a mim com uma espécie de hostilidade educada — como um inspetor inglês que continua chamando seu suspeito de "senhor". Olhei fixamente para a arma presa em seu quadril. Coloquei a mão no bolso, mostrei meu cartão-chave e entrei. Atravessei o saguão, tremendo, e cheguei ao meu quarto o mais rápido possível.

Acho que nunca senti, na minha vida, o brilho intenso e estranho do racismo como senti em Israel. Encontrei aspectos que me eram familiares — os palestinos de pele clara que falam sobre "passar" como brancos, os judeus e árabes negros cujas histórias poderiam muito bem ter ocorrido em Atlanta em vez de Tel Aviv. Mas, na maior parte do tempo, eu me sentia como se estivesse fora da mira. A atitude naquele hotel, por exemplo, era menos "negro, caia fora" e mais "que diabos você está fazendo aqui?". Eles tinham razão. O hotel era muito bom. Mas, sabendo como ele havia sido obtido, como era mantido em segurança, conhecendo o gigantesco sonho que atraía a maioria de seus hóspedes, e sabendo que eu imaginei que pudesse haver algum refúgio de tudo aquilo, algum conforto em meio a uma limpeza étnica ativa, uma colonização ativa, só pude me perguntar: que diabos estou fazendo aqui?

De certa forma, minha viagem à Terra da Palestina foi uma jornada de volta àquele instinto que eu havia perdido, um dom ancestral que eu havia esquecido. Esse dom não está no sangue, mas nas histórias, nos axiomas, nas experiências acumuladas ao longo de séculos vivendo à margem de uma democracia duvidosa. Quando comecei a me profissionalizar como escritor, estava repleto do meu próprio ceticismo — não em relação ao país, mas em relação ao dom, que me parecia tão difuso e aleatório, uma espécie de sabedoria popular que desafiava o empírico. Talvez o aspecto mais importante desse ceticismo fosse a falta de modelos vivos. Os poucos escritores negros nas revistas e nos jornais que eu lia pareciam empenhados em se distanciar ao máximo dos negros. Eu nunca fui assim. Se eu era cético em relação ao dom, nunca fui em relação ao povo. Passei a ver meu ofício — jornalismo de revista ou *new journalism* — como uma espécie de processo científico que, se bem aplicado, necessariamente revelaria a verdade. E por um tempo, vi o praticante dessa ciência como um indivíduo singular, aplicando o processo e buscando a verdade. Então me vi em redações nas quais, pela primeira vez na vida, eu era muitas vezes o único, redações com editores que não eram negros. Achei que poderia me manter afastado, mas, olhando para trás, percebo que as partes do meu pensamento que foram mais reforçadas eram aquelas que mais coincidiam com as dos outros no meu entorno, e as mais difíceis de sustentar eram as que não coincidiam. Escrevi muitas coisas das quais me arrependo — muito ceticismo petulante, muita prosa cruel — no impulso juvenil de publicar em jornal ou revista. E mesmo depois de amadurecer, descobri que meus antigos instintos não amadureceram. Tornei-me um escritor técnico melhor, mas meu senso de mundo permaneceu atrofiado. Não havia escritores ou editores palestinos ao meu redor. Havia, no entanto, muitos escritores, editores e produtores que acreditavam na nobreza do sionismo e que tinham pouca consideração por (ou simplesmente não conseguiam ver) suas vítimas.

As vítimas do sionismo. Mesmo agora, depois de tudo o que vi, minha caneta hesita ao escrever isso para vocês. Estou de volta a Nova York, tomando meu café da manhã, Joan Armatrading ao fundo — "*Are you for or against us/ We are trying to get somewhere*"*

---

* "Você está conosco ou contra nós?/ Estamos tentando chegar a algum lugar." (N. T.)

— e, assim como lá, um lindo sol brilha em um céu sem nuvens. Já estou em casa há um ano, mas, às vezes, ainda sonho que estou de volta à Palestina. Alguns desses sonhos são agradáveis — estou em paz em um penhasco em Sakiya, dobrando um faláfel verde em um *ka'ak al qud* quentinho, sentindo a energia vibrante de Ramallah, sorrindo para uma garotinha em Tuba que quer praticar seu inglês. Então minha caneta hesita aqui, como deve, porque ser palestino é mais do que ser vítima do sionismo. E há mais uma coisa.

O sionismo foi concebido como um contraponto a uma opressão que me é muito familiar. Leio o sionista pioneiro Moses Hess se nomeando parte de "um povo infeliz, difamado, desprezado e disperso — mas que o mundo não conseguiu destruir", e ouço os profetas do nacionalismo negro, a luta em que nasci, a luta de Garvey e Malcolm, a luta que me deu meu nome. "Narizes judeus não podem ser corrigidos", disse Hess ao seu povo. "E o cabelo preto e ondulado dos judeus não vai se tornar loiro pela conversão ou se endireitar com penteados constantes." Sobre os esforços dos judeus alemães para se integrar, Hess era cético:

> Você pode se disfarçar mil vezes; pode mudar seu nome, sua religião e seu caráter; pode viajar pelo mundo incógnito, para que as pessoas não reconheçam o judeu em você; mas cada insulto ao nome judeu o atingirá ainda mais do que o homem honesto que admite suas lealdades judaicas e que luta pela honra do nome judeu.

Esta última parte, a "honra do nome judeu", eu conhecia bem. Muito do que vi durante aqueles dez dias parecia explicitamente voltado para essa missão particular. Honra. Até mesmo a frase "Israel tem o direito de se defender" fazia sentido no contexto de um povo que tantas vezes foi feito de marionete por seus assassinos. "Estúpido é aquele que acredita em seu vizinho", advertiu Jabotinsky,

> por mais bondoso e amoroso que o vizinho possa ser; estúpido é aquele que confia na justiça. Justiça só existe para aqueles cujos punhos e teimosia lhes permitem realizá-la... Não confie em ninguém, esteja sempre em guarda, leve sempre seu bastão com você — essa é a única maneira de sobreviver nesta batalha de lobos contra lobos.

Isso foi em 1911. Em menos de quarenta anos, o Ocidente se prostraria e assistiria a um terço do povo judeu ser eliminado. Penso na fúria que os sobreviventes da Shoá devem ter sentido, na raiva contra seus opressores, contra os espectadores, e depois, por fim, contra o impulso humanitário que os fez pensar que qualquer outra pessoa um dia se importaria. Vejo a mim mesmo nessa fúria quando dizem ao meu povo ferido que ele deve oferecer a outra face. Vejo a mim mesmo em Moses Hess denunciando a "máscara" de passar despercebido.

Israel parecia uma história alternativa, um lugar onde todos os nossos sonhos de Garvey foram realizados. Ali, "Up Ye Mighty Race" era o credo. Ali, "Redemption Song" é o hino nacional. Ali, o vermelho, o preto e o verde tremulam sobre escolas, embaixadas, e nas colunas de grandes exércitos. Ali, Martin Delaney é um herói, e 21 de fevereiro é um dia de luto. Esse era o sonho — a mítica África para a qual meu pai não podia voltar. Creio que é melhor assim — pois se essa mítica África, um dia, saísse da imaginação para o mundo real, tremo ao pensar no que poderíamos perder ao concretizá-la e defendê-la.

O que vi na Cidade de Davi me parecia tão familiar — a busca pela identidade em um passado épico e mítico, cheio de reis e santificado por uma aproximação com a ciência. Talvez, então, não seja surpresa que, ao ver algo familiar no sionismo, o sionismo também tenha visto algo familiar em mim. "Ainda há uma outra questão que surge do desastre das nações e que permanece sem solução até hoje, cuja profunda tragédia apenas um judeu pode compreender", escreveu Herzl.

> Essa é a questão africana. Basta recordar todos aqueles episódios terríveis do tráfico de escravos, de seres humanos que, apenas por serem negros, eram roubados como gado, capturados, aprisionados e vendidos. Seus filhos cresceram em terras estranhas, sendo objetos de desprezo e hostilidade porque a cor de sua pele era diferente. Não tenho vergonha de dizer, embora possa me expor ao ridículo por fazê-lo, que, uma vez que eu tenha testemunhado a redenção dos judeus, do meu povo, também desejo ajudar na redenção dos africanos.

Herzl não estava sozinho. Golda Meir estabeleceu laços com Estados africanos recém-libertados e denunciou abertamente o apartheid. Em 1964, durante uma visita às cataratas Vitória, no lado zambiano, Meir, então ministra das Relações Exteriores, foi convidada pelos governantes supremacistas brancos a cruzar a fronteira para visitar a Rodésia (hoje Zimbábue). Meir se recusou. Segundo todos os relatos, ela acreditava sinceramente que o racismo contra os africanos negros era errado. Ainda assim, sempre houve quem visse em Meir e em seu país algo menos que igualitário. "Tiraram Israel dos árabes depois que os árabes viveram lá por mil anos", disse o primeiro-ministro sul-africano Hendrik Verwoerd em 1961. "Nesse ponto, concordo com eles. Israel, como a África do Sul, é um Estado de apartheid."

A acusação de apartheid israelense tem sido rejeitada há muito tempo por sionistas, como algo contrário à própria natureza de um Estado judeu impregnado pelos traumas do seu povo. A natureza especial da missão de Israel como antirracista está nas palavras de seus próprios líderes, de David Ben-Gurion ("Um judeu não pode ser a favor da discriminação") a Shimon Peres ("Um judeu que aceita o apartheid deixa de ser judeu") e Benjamin Netanyahu ("Para o povo judeu, o apartheid é a suprema abominação. É uma expressão da inumanidade mais cruel. Israel fará tudo o que puder para eliminar esse sistema odioso"). Mas essa retórica não se sustenta diante dos fatos.

Em 1974, com Meir agora como primeira-ministra, o jornal *Haaretz* começou a explorar as profundezas do racismo branco, publicando uma caricatura de líderes africanos canibais devorando políticos israelenses, enquanto Meir dançava com um homem africano. Nesse mesmo ano, Meir — antes horrorizada pelo racismo branco na África — enviou o ministro da Defesa Shimon Peres a Pretória. Ao retornar a Tel Aviv, Peres agradeceu ao anfitrião, ressaltando que "os novos laços que você ajudou a forjar entre nossas nações se desenvolverão em uma identidade próxima de aspirações e interesses que será de benefício duradouro para ambos os nossos países".

E foi exatamente isso que aconteceu. Autoridades israelenses abriram um lucrativo comércio de armas com a África do Sul, modernizaram a Força Aérea sul-africana e realizaram uma conferência anual conjunta de inteligência. Autoridades sul-africanas receberam seus colegas israelenses em safáris, contaram com o apoio israelense para sua questionável política de "Bantustão" e mantiveram o diálogo aberto sobre as melhores práticas para separar um povo de suas várias formas de liberdade. Em 1977, o chefe do Exército sul-africano, Constand Viljoen, ficou maravilhado com a eficiência dos postos de controle israelenses nos Territórios Ocupados. "A minúcia com que Israel realiza essa inspeção é impressionante", observou Viljoen. "Na melhor das hipóteses, leva cerca de uma hora e meia para cada indivíduo árabe passar por ali. Quando o tráfego é intenso, leva de quatro a cinco horas."

Quando Menachem Begin assumiu o poder no final dos anos 1970, nenhum país comprava mais armas israelenses do que a África do Sul. O dinheiro para essas armas era extorquido de sul-africanos negros privados de seus direitos e depois usado para financiar uma ordem sionista que, subsequentemente, privou os palestinos dos seus. Quando Israel foi enfim pressionado a cortar publicamente os laços com a África do Sul em meados da década de 1980, seu sistema dominante de segurança ficou apoplético. "Uma mudança na política de exportação de segurança significará a demissão de dezenas de milhares de trabalhadores", alertou o ministro da Defesa Yitzhak Rabin. "Informo desde já que eles não encontrarão uma oportunidade alternativa."

Israel concordou em silêncio. Embora se distanciasse da África do Sul aos olhos do público, continuou comercializando com o país até a queda do apartheid. Entre as últimas conversas: a produção e o uso de armas químicas e biológicas. De 1974 a 1993, as exportações anuais totais de Tel Aviv para Pretória somaram em média 600 milhões de dólares. Durante todos esses anos críticos, Israel não foi um mero aliado da África do Sul; foi o verdadeiro arsenal do apartheid.

Essa parceria não era uma questão estrita de *realpolitik*, mas de uma afinidade genuína. Durante a Segunda Guerra, o político africâner John Vorster tentou usar de influência para que seu país entrasse na guerra ao lado da Alemanha nazista, apesar dos laços históricos da África do Sul com o Reino Unido. "Defendemos o nacionalismo cristão, que é um aliado do nacional-socialismo", afirmou Vorster. "Na Itália, é chamado de fascismo; na Alemanha, de nacional-socialismo; e, na África do Sul, de nacionalismo cristão." Mas, em 1976, Vorster era o primeiro-ministro da África do Sul — um Estado com laços profundos com Israel. Naquele ano, ele foi recebido como convidado no indelével local de dor e luto judeu, Yad Vashem.

Havia dissidentes em Israel que viam nessa recepção uma traição ao sionismo. Arthur Goldreich havia lutado na guerra de 1948 que trouxe Israel à existência, mas, como um judeu sul-africano, ele conhecia bem o mal que Vorster representava. Em protesto à sua visita, Goldreich começou a pendurar cartazes em postes de telefone o equiparando ao nazismo. Seu protesto foi interrompido por um homem idoso que tinha uma tatuagem de Auschwitz. Goldreich pensou que o homem seria simpático à sua atitude. Em vez disso, ele cuspiu no cartaz e disse: "Faremos acordos com o diabo se for preciso para salvar os judeus da perseguição e garantir o futuro deste Estado".

Mas a segurança de Israel não exigia apenas um acordo com o apartheid — exigia que Israel praticasse o apartheid. Os defensores de Israel afirmam que a acusação de apartheid, assim como a de colonialismo, não passa de um ataque ad hominem para minar o último reduto do povo judeu. Grupos de direitos humanos discordam e apontam a definição consagrada no direito internacional, que define o crime de apartheid como "atos desumanos cometidos com o objetivo de estabelecer e manter a dominação de um grupo racial sobre qualquer outro grupo racial e oprimi-lo sistematicamente".

Essa definição correspondia a tudo o que vi na minha viagem. Talvez mais importante ainda, os próprios líderes de Israel havia muito entendiam o apartheid como uma possibilidade concreta para seu governo. Em 2007, o primeiro-ministro israelense Ehud Olmert alertou que, sem uma "solução de dois Estados", Israel enfrentaria uma "luta ao estilo sul-africano por direitos de voto iguais". O resultado dessa luta, na mente de Olmert, seria sombrio — "o Estado de Israel [estaria] acabado". Três anos depois, Ehud Barak, então ministro da Defesa de Netanyahu, fez um alerta: "Enquanto neste território a oeste do rio Jordão só houver uma entidade política chamada Israel, será ou não judeu, ou não democrático. Se esse bloco de milhões de palestinos não puder votar, isso será um Estado de apartheid".

Penso na minha visita a Yad Vashem, sentado ali, contemplando o Livro dos Nomes. Lembro-me de mim mesmo diante da esteira do tempo. E penso em John Vorster naquele mesmo espaço. Vejo-o depositando uma coroa com as cores de seu país diante de um memorial às vítimas da Shoá. E vejo o literal estandarte da supremacia branca ocupando um lugar em um monumento para cerca de 6 milhões de suas vítimas.

O elo comum é o colonialismo, que sempre teve um cinismo racista em seu âmago — uma crença de que não só o mundo é selvagem, como também os selvagens mais perigosos tendem a viver além das fronteiras do Ocidente. O sionismo — que desde o início buscou se posicionar como "um posto avançado da civilização contra a barbárie" — nunca rejeitou esses preceitos. O historiador israelense Benny Morris é celebrado por sua disposição em ver a história do sionismo com clareza e candura. Gostaria que ele pudesse trazer essa mesma clareza para as vítimas do sionismo. Em uma entrevista de 2004 ao *Haaretz*, Morris descreveu os palestinos como "bárbaros que querem tirar nossas vidas". Só havia uma maneira de conter a ameaça: "Uma espécie de jaula precisa ser construída para eles [...]. Há um animal selvagem ali que precisa ser trancado de uma maneira ou de outra". Quando pressionado a refletir sobre o destino daqueles que seriam "enjaulados", Morris mal conseguiu dar de ombros. Em vez disso, evocou um genocídio, aprovando-o. "Até mesmo a grande democracia americana não poderia ter sido criada sem a aniquilação dos índios."

Não sei exatamente quando, durante minha visita, ouvi pela primeira vez o termo *Naqba*. Talvez tenha sido depois de ser barrado no Portão do Leão. Talvez tenha sido durante uma visita ao bairro de Sheikh Jarrah, em Jerusalém Oriental, onde vi o lixo que colonos de Long Island jogaram nos quintais de famílias palestinas. A expressão, que significa "a catástrofe", se origina do deslocamento de cerca de 700 mil palestinos de suas casas em 1948 e continua no processo permanente de limpeza étnica que testemunhei nos meus dez dias. Ao final da minha visita, entendi a *Naqba* como algo particular, que extrapolava qualquer analogia com Jim Crow, colonialismo ou apartheid. Não é apenas a polícia atirando em seu filho, embora isso também esteja presente. Não é apenas um projeto carcerário racista, embora isso também exista ali. E não é apenas uma desigualdade perante a lei, embora isso estivesse em toda parte que eu olhasse. É aquilo para o qual todos esses dispositivos serviam — um saque de seu lar, um saque tanto próximo quanto perpétuo: "Vivemos, se conseguimos viver, em um passado infantil, plantado em campos que foram nossos por centenas de anos e até um momento atrás, antes que a massa crescesse e os bules de café esfriassem...".

A discordância nas palavras de Mahmoud Darwish — campos plantados e arados por séculos, cuja perda se mede em horas, até minutos — faz brilhar a dor de sua agonia. Leio essas palavras e vejo um roubo que é, ao mesmo tempo, antigo e em progresso. Mas vejo também a intimidade de uma perda — os vizinhos vencidos e as bandeiras do vencedor a poucos passos de distância. "O que mais te fere", escreve Darwish, "é que 'lá' está tão perto de 'aqui'."

* * *

Em 9 de abril de 1948, enquanto milícias sionistas lutavam para estabelecer um Estado judeu, cercaram a pequena vila de Deir Yassin. O avanço foi liderado pelo Irgun e seu grupo dissidente Lehi — duas milícias sionistas conhecidas por assassinar civis. O Lehi era abertamente racista, descrevendo os judeus como uma "raça superior" e os árabes como uma "raça de escravos". Instalados ao redor de Deir Yassin, lutaram contra os defensores palestinos da vila durante todo o dia e, depois de tomarem a cidade, dizimaram pelo menos cem habitantes. A notícia do massacre se espalhou rapidamente pelas comunidades palestinas e contribuiu muito nos esforços das milícias sionistas para a expulsão dos árabes da terra e a construção de uma "democracia judaica". Não tive notícias de Deir Yassin até regressar aos Estados Unidos, mas, provavelmente, passei perto dela várias vezes. Os restos da vila estão em Jerusalém, a uma curta distância de carro de Yad Vashem.

A proximidade dos dois locais me deixou atordoado. Liguei para Sam Bahour, um amigo palestino-americano que fiz em Ramallah, e externalizei minha surpresa. "Eles fazem isso o tempo todo", disse ele. Contou-me sobre o Museu da Tolerância em Jerusalém — outro local de memória, este construído diretamente sobre um cemitério muçulmano. Sam nunca exagerou ou me induziu ao erro sobre a Palestina. E quando me falou sobre o Museu da Tolerância, soube que era verdade, mas parte de mim não conseguia aceitar. Bastaram alguns cliques em um mecanismo de busca para provar que ele tinha razão. Mais uma vez, minha própria incredulidade era a esperança de uma saída daquela escuridão profunda que vislumbrei pela primeira vez em Yad

Vashem. Um museu dedicado à "tolerância" literalmente construído sobre o túmulo dos ocupados anula essa esperança. Mas na escuridão, há luz.

Nas primeiras semanas depois do meu retorno da Palestina, mantive Yad Vashem distante de Israel em si — com seus ecos de supremacia branca, raízes coloniais, suas políticas de apartheid. Essa distância me ajudou. Permitiu-me manter algo puro no sofrimento. Eu sabia que alguns sionistas invocavam o Holocausto para justificar sua repressão aos palestinos. E tinha visto Ben-Gurion no fim do Centro Mundial da Memória do Holocausto. Mas, mesmo depois de tudo o que vi, ansiava pela minha própria trajetória, pelo meu próprio círculo, por uma história de geometria perfeita. Então eu soube da visita de Vorster, e que um memorial ao genocídio havia sido construído a poucos passos de um massacre que tornou esse memorial possível, e o arco se dobrou, e o círculo se quebrou.

Passei a ficar obcecado com tudo o que perdi na Palestina. Pensei em todas as coisas que vislumbrei, mas que não compreendi bem o suficiente para escrever a respeito. E isso se combinou com algo surpreendente — um genuíno anseio pela Palestina, não apenas como repórter, mas como ser humano. Pensei naquela paz em Sakiya, algo que nunca senti antes. Pensei em quando caminhei pelas ruas de Ramallah com a grande jornalista Amira Hass. Pensei em Ali Awad em Tuba. Pensei em Batan Al-Hawa, os olhos pintados nas casas nas colinas e como olhavam diretamente para a Cidade de Davi. Pensei em Tania Nasr, que, na última noite do festival, cantou para todos nós. Fui vê-la alguns dias depois. Então ela me contou sobre sua vida, crescendo em Ramallah e passando um tempo em Jaffa, de onde sua família foi expulsa. Ela preparou café árabe, serviu um tipo de biscoito com tâmaras no meio e evocou um mundo perdido:

Fui a primeira neta da família. Então, minhas tias me levavam para a praia. Tenho fotografias, vou te mostrar agora. Me lembro de andar na areia procurando pequenos caranguejos nas rochas. Me lembro de pegar conchas. Minhas tias faziam colares para mim com elas. Me chamavam de Pequena Havaiana, me vestiam com sainhas e tudo mais. Mas, quando voltei à praia, desmoronei. É a água, eu acho.

Naquele momento, soube que esses dez dias, essas palavras que escrevo, eram um começo, não um fim. E também ficou claro que fui à Palestina, assim como fui ao Senegal, em busca das minhas próprias questões e, assim, não vi plenamente as pessoas em seus próprios termos. Talvez por isso eu continuasse pensando em Deir Yassin. Passei tanto tempo considerando a força e o significado de Yad Vashem, e fiz isso sem saber sobre aquele massacre tão próximo desse local de luto. Senti que ainda estava despertando, sinto que ainda estou despertando, que ainda busco as palavras certas, que ainda tento ver um povo cuja opressão depende de seu apagamento. E não podia terminar essa história ali.

Quando trabalhava em "O caso das reparações", era importante para mim que não fosse apenas um argumento técnico ou histórico, mas que os vivos falassem por si mesmos, que o saque que eu denunciava fosse compreendido como mais do que um vestígio morto do passado. O objetivo era aproximar o leitor o máximo possível do crime, atravessar a névoa dos anos e esclarecer com as palavras daqueles que testemunharam. Mas havia algo mais — uma profunda necessidade pessoal de ouvir essas palavras, de saber por mim mesmo o que eu começava a suspeitar através de livros, artigos e relatórios. E senti essa mesma necessidade mais uma vez com esse ato de reparação — a necessidade de ouvir por mim mesmo.

E assim, por meio de contatos palestinos, cheguei a Hassan Jaber, de 91 anos, que tinha treze quando as milícias Lehi e Irgun atacaram sua casa em Deir Yassin. O sr. Jaber — é assim que me sinto confortável em chamá-lo — morava nos Estados Unidos, me disseram, e ele conversaria comigo pessoalmente em sua casa, na cidade de Orland Park, nos arredores de Chicago. Eu tinha de ir. Ainda pensava em Yad Vashem e em tudo o que havia testemunhado. E depois de saber sobre Deir Yassin, senti que não havia testemunhado tudo plenamente, que a história havia terminado em um lugar conveniente demais para o projeto de Estado que eu agora acreditava que Yad Vashem servia. E eu pensava em Clyde Ross, Mattie Lewis e Ethel Weatherspoon. Fazia dez anos desde que voara a Chicago para vê-los — sobreviventes de um projeto demográfico diferente — cujas palavras se tornaram a espinha dorsal de "O caso das reparações".

Minha esposa e eu voamos para ver o sr. Jaber em uma tarde de maio. Mas nossa primeira parada foi na casa de Dina Elmuti--Hasan, que nos conectou com o sr. Jaber. A avó de Dina, Fatima Radwan, também era uma sobrevivente do massacre de Deir Yassin, e Dina passou anos registrando as histórias da avó. Dina e seu marido, Gaith, nos receberam em sua casa. Eles nos serviram café e *knafeh* quente — a tradicional sobremesa do Oriente Médio, com massa, queijo e calda de açúcar. O filho deles, de cinco anos, nos mostrou sua impressionante coleção de modelos de Lego, espaçonaves, o Empire State Building, Al-Aqsa. Falaram sobre os diferentes caminhos de suas famílias da Palestina para os Estados Unidos e o labirinto de regulamentações que precisam ser negociadas para voltar em visitas. Todos os detalhes daquela visita foram importantes para mim, porque eu não confiava mais na imagem evocada pela palavra "palestino" conforme projetada pelas fontes de notícias mais confiáveis dos Estados

Unidos. É doloroso admitir isso, porque é um meio do qual faço parte, porque acreditava nele, e acho que o questionamento, para mim, só está começando.

A casa do sr. Jaber ficava a cinco minutos de carro. Sua neta, Saswan, que concordou em traduzir, nos cumprimentou à porta. Sua pele era de um marrom profundo. Ela sorriu enquanto nos aproximávamos do carro, mas, quando se pôs a falar, havia uma firmeza em sua voz que me era familiar — como minhas antigas professoras de ensino médio que sabiam que grande parte do seu trabalho era nos fazer entender que elas não brincavam em serviço. Entramos, e lá estava o sr. Jaber — ágil e sorridente, de óculos e uma camisa xadrez azul. Ele nos conduziu à sala de estar, onde nos sentamos e ouvimos enquanto ele desenrolava sua vida para nós. Recordou o Deir Yassin de antes, os frutos — figos, ameixas, uvas e maçãs — e a forte conexão de seu povo com a terra, uma conexão que ele mantinha através dos jardins ao redor de sua casa. Mencionou suas seis irmãs e seus cinco irmãos, seu pai, que havia falecido antes da batalha, e sua mãe, Jamilah, uma viúva que, naquela manhã, acompanhara os homens para defender a vila. Saswan mostrou uma foto em seu celular — de Jamilah, sua bisavó, usando um *hijab* branco, atrás de barreiras de terra, com um rifle.

Era importante para ele que eu entendesse as dificuldades que enfrentaram, que estavam em menor número e tinham menos armas, e que resistiram até a última bala. Era importante para ele que eu soubesse que seu irmão fora vendado e executado com um tiro. Ele me contou que era muito jovem para lutar, e quando a batalha parecia perdida, foi encarregado de carregar suas irmãs, de três e cinco anos, para fora da vila em segurança. Nunca ocorreu ao sr. Jaber, ou a qualquer sobrevivente de Deir Yassin, que aquilo era o começo de um êxodo, que um novo Estado —

um que os definia fora dele — seria construído em suas casas. Ele disse: "Nunca esperaríamos ficar setenta e seis anos longe de lá sem poder voltar... Setenta e seis anos agora".

Esses 76 anos levaram o sr. Jaber pelo mapa do Oriente Médio e das Américas — Ein Karim, Jerusalém, Jericó, Brasil, de volta a Jerusalém, Porto Rico, e depois Estados Unidos. Ele construiu uma família e um negócio de sucesso no comércio de ouro e prata. Agora tem 150 filhos, netos e bisnetos, aos quais transmitiu suas histórias e um forte entendimento de que elas precisam ser lembradas. "Penso em toda minha infância", disse Saswan. "Ele fazia todos os netos sentarem e nos dizia que nossa libertação viria pela educação, e que não poderíamos esquecer. Porque quando a Palestina foi colonizada, disseram que eles envelheceriam e que seus filhos esqueceriam."

Despedimo-nos do sr. Jaber e então seguimos Saswan em seu carro até um restaurante do Oriente Médio, a poucos quilômetros de distância, na área de Chicagoland, para um encontro de amigos e companheiros palestinos ativistas, professores e advogados. Pedimos *fatuche*, *yalanji*, *kubbeh* e homus. Um homem de *keffiyeh* passava a todo instante para nos servir café árabe — do tipo que tomei na casa de Tania em Birzeit. A cada trinta minutos, o volume da música aumentava, e havia uma grande cantoria para o aniversário de alguém ou outra ocasião comemorativa. Saswan se desculpava a todo instante pelas festividades. Mas a comida, o volume da música, o café, o dia inteiro, tudo isso junto me dava uma sensação de estar voltando para casa, embora não fosse minha casa. Eu não tinha voltado para a Palestina, mas havia encontrado algo naquele dia que não encontrei nem mesmo lá. Na Palestina, eu era sempre guiado, conversava ou fazia alguma visita por intermédio de alguém. Mas aqui, senti algo que sempre apreciei no jornalismo, ao ver mundos além do meu — senti-me desaparecer. Quando ninguém está segurando minha mão ou me guiando, e assisto às pessoas vivendo seus costumes particulares, engajadas em suas pequenas conversas, posso sentir que me dissolvo em tudo aquilo.

O grupo falava sobre política com uma intimidade comunitária — do jeito que o meu povo fala quando não há brancos por perto. Por essa razão, eu preferiria não dizer seus nomes. Mas, quando pedi para escrever sobre esse momento, eles insistiram na ideia de que, como palestinos, se tornaram anônimos por tempo demais. Eles eram Deanna Othman, Noor Ali e Tarek Khalil. Tarek explicou as inconsistências enlouquecedoras da lei israelense. O marido de Deanna era de Gaza, e ela relatou a grande dificuldade de atravessar o Egito e Rafah para entrar em Gaza e visitar sua família. Deanna me contou que agora dava aulas em uma escola onde a maioria das crianças era palestina e que adorava ensinar "O caso das reparações". Ela disse: "As crianças sempre falam: 'Certo, mas e a parte sobre Israel?'. E eu só respondo: 'Bem, ninguém é perfeito'". Eu só pude rir.

Conversaríamos mais depois, e eu descobriria que, além de ensinar, Deanna também era jornalista — formada pela Medill, uma das mais respeitadas escolas de jornalismo do país. Ela saiu da Medill com todas as esperanças e sonhos que sua formatura com honras normalmente inspiraria, mas o que descobriu foi que era impossível construir uma carreira como jornalista palestina que mantivesse a Palestina próxima de si. Ela entendia o jornalismo e a escrita como eu — como uma forma de traçar as fronteiras do mundo. Na Medill, ela sonhava em desenhar esses contornos sob a perspectiva de uma mulher palestina. Era uma perspectiva que, em todo o meu tempo no jornalismo, em todas as redações em que trabalhei, nas escolas de jornalismo onde ensinei, não encontrei jamais. Ela falou sobre a impossibilidade de achar trabalho que lhe permitisse escrever como desejava, e pude perceber pelo seu tom que esse sonho frustrado não era apenas dela, mas algo que ela carregava por seu povo, pois ela também era uma guardiã, e também era uma portadora, e também tinha ancestrais.

Sabemos o que é isso, vocês e eu. A escrita é uma ferramenta poderosa de política. Harriet Jacobs expôs a violência e o estupro na raiz da escravidão. As reportagens de Ida B. Wells desmentiram os mitos grotescos sobre a masculinidade negra monstruosa que sustentavam os linchamentos. W. E. B. Du Bois desmontou a hagiografia confederada usada pelos historiadores para justificar a exclusão dos negros das urnas. Isso aconteceu apesar de um esforço concentrado para negar aos escritores negros o acesso a jornais e editoras importantes, para atacar suas escolas e bibliotecas, para proibir a leitura e a escrita em si, negando-lhes assim o acesso a essa ferramenta que não é apenas poderosa, como também não violenta. Isto é importante — forçados a igualarem espada por espada ou arma por arma, escravistas e supremacistas brancos podiam se sentir confiantes na vitória, pelo simples fato de que sua vasta riqueza lhes garantia um arsenal incomparável. Mas as regras da escrita são diferentes, e essa grande riqueza tem quase a mesma relação com a criação de grandes escritores que com a de grandes jogadores de basquete. Uma literatura alimentada por uma experiência humana profunda vai necessariamente arder em uma intensa labareda, e assim uma "desvantagem material" se transforma em uma "vantagem espiritual", pondo nas mãos dos oprimidos "as condições de uma arte clássica", ou seja, o poder de assombrar, mover e expandir os limites da humanidade. Isso é tão verdadeiro para aqueles que laboram sob a sombra da escravidão quanto para aqueles sob a sombra do apartheid.

Mas esse poder precisa de um anfitrião, assim como uma flecha precisa de um arco longo para ser lançada. Não é por acaso que minha ascensão no jornalismo coincidiu diretamente com o emprego na revista mais bem financiada em que trabalhei na vida. O jornalismo americano raramente ofereceu esses recursos a escritores palestinos — na verdade, parece em grande parte desinteressado no que eles têm a dizer. Em 2020, a historiadora Maha Nassar pesquisou as páginas de opinião e revistas do país para ver com que frequência escritores palestinos tinham acesso a elas. Descobriu que os jornais e revistas dos Estados Unidos preferiam escrever sobre palestinos a permitir que palestinos escrevessem. Ao longo de um período de cinquenta anos, de 1970 a 2019, Nassar encontrou menos de 2% dos artigos de opinião sobre palestinos escritos por autores palestinos. O *Washington Post* teve um índice lamentável de 1%. O *New Republic* durante esse período não publicou um único artigo sobre a Palestina sob a perspectiva de palestinos.

Não acredito que isso seja uma conspiração. Porém, mais importante, não acho que seja coincidência. Um sistema desumano exige a desumanização e, por isso, a cria em histórias, editoriais, telejornais, filmes e programas de TV. Editores e escritores gostam de pensar que não fazem parte de tais sistemas, que são independentes, objetivos, e chegam às suas conclusões somente com base em suas reportagens e pesquisas. Mas a Palestina que eu vi tinha tão pouca semelhança com as histórias que li e tanta semelhança com os sistemas que conheço que sou levado a crer que, pelo menos aqui, essa objetividade é uma autoilusão. Não se trata de os fatos das histórias estarem tão errados — embora às vezes estejam —; trata-se do que não é dito, da voz passiva, da concessão de autoridade aos porta-vozes militares, da elevação da complexidade factual sobre a moralidade autoevidente.

Essa elevação da complexidade sobre a justiça faz parte do esforço para forjar uma história da Palestina contada unicamente pelo colonizador, um esforço que se estende à proibição de boicotes pelos estados americanos, à revogação de artigos por revistas, à expulsão de estudantes de universidades, à demissão de âncoras de notícias por redes assustadiças, ao assassinato de jornalistas por atiradores do Exército e ao carro de romancistas sendo bombardeado por agências de espionagem. Nenhuma outra história, exceto uma que possibilite o roubo, pode ser tolerada.

Mas *há* outras histórias, e nós, que financiamos o apartheid, somos mais ignorantes por não as ouvir diretamente de contadores de histórias como Deanna. Sei que há muitos escritores que acreditam ter acesso a uma espécie de magia artística que lhes permite habitar qualquer comunidade no mundo e escrever sobre ela como se fosse a sua própria. Penso que esses escritores superestimam o poder de seu talento e inteligência, e subestimam como a sabedoria se acumula ao longo do tempo, entre nações e povos, através da ancestralidade. Mesmo minhas palavras aqui, este pedido de reparação, é a história de um estranho — contada por um homem ainda deslumbrado por *knafeh* e café árabe, ainda no início de uma jornada que outros têm percorrido desde o nascimento. A Palestina não é minha casa. Vejo essa terra, seus povos e suas lutas através de uma espécie de tradução — através de analogias e da névoa da minha própria experiência —, e isso não é suficiente. Se os palestinos forem vistos de verdade, será através de histórias tecidas por suas próprias mãos — não por seus saqueadores, nem mesmo por seus aliados.

Senti-me abençoado por ser um estranho naquela noite, naquele restaurante em Chicagoland, ao ouvir conceitos, ideias, sonhos, ambições de palestinos que me deixaram tão impactado quanto eu estava na própria Palestina. Era um corpo de histórias completo — verdadeiramente complexo, áspero, profundo, em desafio a qualquer arco ou círculo perfeito. Esse corpo de histórias resiste às minhas analogias. Escapa das minhas palavras. Exige novos mensageiros, encarregados, como todos nós, de nada menos do que salvar o mundo.

Notas sobre as fontes disponíveis em <https://ta-nehisicoates.com/blog/notes-on-the-catastrophe/>.

ESTA OBRA FOI COMPOSTA PELA ABREU'S SYSTEM EM INES LIGHT
E IMPRESSA EM OFSETE PELA GRÁFICA PAYM SOBRE PAPEL PÓLEN BOLD
DA SUZANO S.A. PARA A EDITORA SCHWARCZ EM MAIO DE 2025

A marca FSC® é a garantia de que a madeira utilizada na fabricação do papel deste livro provém de florestas que foram gerenciadas de maneira ambientalmente correta, socialmente justa e economicamente viável, além de outras fontes de origem controlada.